Didáctica económica

Economic Didactics

Didactique économique

Liv Schulman

Index

06

Prefacio

Este libro tiene como objetivo movilizar una selección de textos, poses, desplazamientos y ensayos que desarrollé en años anteriores para comprender qué es lo que le ocurre a la voz, al cuerpo y a las ideas, una vez que comienzan a describir un entorno determinado.

Me interesa describir una correlación de sistemas del pensamiento en un contexto específico, definido por un medio, un sistema, una intención. Quise construir tesis que se autodestruyen en el hacer mismo de su propia performance. Traté de que entendamos qué es aquello que se experimenta de primera mano. Quise plantear una pregunta sobre el humor y la tragedia instaladas en el cotidiano. Quise entender qué pasa con el deseo propio y con las definiciones que vienen del exterior.

Pienso en estos textos como una obra que cualquiera puede poner en movimiento; no son personales, sino para uso compartido. Los entiendo como material educativo, universitario; este libro puede utilizarse como una guía para cualquiera que desee hacer performances. Los textos se pueden activar en espacios públicos, municipales y privados; en casas, escaleras, hospitales y mueblerías. No son elegantes ni buscan ser rotundamente visibles; no requieren demasiada tecnología. A veces pueden pasar desapercibidos. Pueden cortarse, mezclarse, aumentarse y, sobre todo, mejorarse.

Espero que este libro funcione como un objeto para ser utilizado, manipulado y cuestionado; que pueda ponerse en práctica tanto en contextos hostiles como en educativos. Espero que sirva para ensayar otras formas de hablar y para torcer los caminos del pensamiento. Ojalá que les aporte energía y ojalá que sirva.

Liv Schulman

Preface

This book summons a selection of texts, poses, explorations, and essays I've used in previous years to understand what happens to the voice, the body, and ideas once they begin to describe a specific environment: a correlation of thought systems.

I aimed to create a direct experience of shared mediums, contexts, and intentions. I aimed to construct theses that self-destruct in the very unfolding of their performance. I aimed to question the meaning of what we experience firsthand. I aimed to ask a question about humor and tragedy in everyday life. I aimed to understand what happens with our desires and the definitions that come from outside us.

I think of these texts as a work that anyone can set in motion; they are not personal; they're meant to be shared. I think of them as university-level educational materials; the book can be used as a guide for anyone who wishes to perform. The texts can be acted out in public, municipal, and private spaces; at homes, stairwells, hospitals, and furniture stores. They are not elegant, nor are they overtly visible; they don't require technology. Some can go unnoticed. They can be cut, mixed, expanded, and, above all, improved.

I hope this book functions as an object to be used, turned around, and questioned—that it can be put into practice in hostile and educational contexts. I hope it serves to challenge ways of speaking and to divert ways of thinking. I hope it energizes you. I hope it is useful.

Liv Schulman

Préface

Ce livre rassemble des textes, des perspectives, des gestes et des essais explorés au fil des années pour éprouver ce qui arrive à la voix, au corps et aux idées lorsqu'ils tentent de décrire un environnement : une constellation de systèmes de pensée.

J'ai cherché à faire l'expérience directe d'un médium, d'un contexte et d'une intentionnalité partagée. J'ai tenté de construire des thèses qui s'autodétruisent dans le devenir même de leur performativité. J'ai voulu qu'elles éveillent de nouvelles questions sur le sens de ce que nous expérimentons directement. J'ai essayé de formuler une interrogation sur l'humour et la tragédie qui traversent le quotidien. J'ai voulu comprendre ce qu'il advient du désir propre et des définitions imposées de l'extérieur.

J'envisage ces textes comme une œuvre que quiconque peut activer ; ils ne constituent pas un matériau personnel et sont destinés à un usage partagé. Je considère qu'ils relèvent d'un cadre universitaire et éducatif dans lequel le livre peut servir de guide à toute personne qui désire pratiquer la performance. On peut ainsi interpréter les textes dans des espaces publics, municipaux, privés ; dans des maisons, des escaliers, des hôpitaux, des magasins de meubles. Ils ne sont ni élégants, ni franchement visibles, et ne nécessitent aucune technologie. Parfois, ils peuvent passer inaperçus. On peut les couper, les mélanger, les augmenter et, surtout, les améliorer.

J'espère que ce livre agira comme un objet à utiliser, à plier, à questionner ; qu'on puisse le mettre en pratique aussi bien dans des contextes hostiles que dans des contextes éducatifs. J'espère qu'il servira à explorer des manières de parler et à infléchir les chemins de la pensée. Pourvu qu'il vous apporte de l'énergie. Pourvu qu'il vous soit utile.

Liv Schulman

La pose y las palabras

Santiago Villanueva

Hay un libro que causó furor periodístico en 1996 y que develaba parte del "supermercado espiritual" de lxs famosxs y políticxs en Argentina. *La argentina embrujada* de Viviana Gorbato explicó cómo las que se consideraban grandes decisiones a nivel político, en realidad eran pequeñas decisiones tomadas en el garaje de una bruja o en un templo umbanda. La constante duda ante la incertidumbre económica llevaba a tener una consultora espiritista en el interior de la Casa Rosada para, como dice Liv Schulman, "mantener la democracia". En 1968, según la Fundación Ford, nacía una nueva terapia o método de autoconocimiento una vez por semana. Para 1996, cuando Gorbato escribió su libro, se consideraba que nacía una por día. Tantos métodos como días del año.

La inflación fue controlada por vía espiritual y la pose de la existencia lisiada se transformó en una constante: hay diagnóstico, el diagnóstico es suficiente, no hay recuperación. Gorbato transcribe la palabra del entonces presidente neoliberal Carlos Menem[1] en el Foro Económico Mundial de Davos en Suiza donde, mientras paseaba sin abrigo por el escenario, dijo: "Yo no siento frío porque se trata de una cuestión mental. Es muy simple: me digo que no tengo frío y no lo tengo. Es una práctica de control mental".

Para aquel entonces, Hilda Evelia llevaba 28 años siendo la bruja de Menem, y ya en 1961 había pronosticado que éste sería presidente. Menem tenía un gabinete paralelo de brujas, lo que Gorbato llama "el harem ocultista". Aschira, una de ellas, fue dejada de lado cuando en un famoso programa de televisión, se puso a llorar tras sus pronósticos de estallidos sociales en todo el país. Ese día, Menem dijo: "La astrología es una burda patraña". Sin embargo, cuando tuvo que dar un discurso en la Sociedad Rural sobre el desarrollo de la economía, metió la pata. El discurso lo había escrito un ministro del presidente y finalizaba diciendo: "no nos dejemos llevar por las

1. En el contexto económico de Argentina en 1989, el presidente Carlos Menem trajo el concepto de "convertibilidad" haciendo de un peso argentino un dólar. Este comportamiento económico fantasista desembocó en el *crash* financiero del 2001.

brujerías". A lo que Menem, al haberse dado cuenta de lo que dijo, levantó la vista y agregó: "con el respeto que merecen las brujas de todo tipo". La situación comenzó a salirse de las manos cuando la inflación creció, el peso argentino se alejó del dólar estadounidense y el psiquiatra Carlos Warter dijo en televisión: "Menem es un extraterrestre... lo pusimos nosotros."

El momento requirió de infinitas categorías cósmicas: militantes de trascendencia, experimentadorxs ocasionales, profesionales del más allá, brujxs cotidianxs, brujería mayor, consultantes ocasionales o periódicos, consultantes excepcionales, supersticiosxs hedónicxs. La política se tornó esotérica para enfrentar la crisis. Hasta la popular astróloga Ludovica Squirru salió a decir a los medios que, como Argentina es una nación Rata y acomodaticia, según el horóscopo Chino, siempre tenemos que aprovechar la crisis para crecer por dentro.

A lxs personajes que habitan los guiones de Liv Schulman nada les precede, son auto presentadorxs sin pasado aparente. O con el confuso pasado de lxs que sufrieron una caída. Abarcan, en la pose, el terreno de lo que se puede. La pose es la de la existencia lisiada y lleva a la revelación de un comportamiento. Sylvia Molloy dice que en el decadentismo todo era cuestión de pose, sea ésta leída por momentos como frívola y otros como una caricatura o imperfección. Lo cierto es que la pose puede ser comprendida como un gesto relevante para pensar la política cultural de un momento. El cuerpo en pose, dice Molloy, como declaración cultural, como proyección teatral; lejos del teatro, como entidad plástica. Posar es exhibirse —que no sólo es mostrarse, sino hacer que unx mismx se reconozca y se identifique—. La pose del amaneramiento es la que, por su exageración, dice de más. Esa es la pose ideal para algunos de estos guiones. Amanerar es lo contrario a teatralizar. Amanerar es dejar caer, es tener partes del cuerpo flojas y la actitud hacia el piso.

La pose se aparece como el maquillaje, quiere hacerse ver, pero de determinada manera. Remarca la artificialidad de los movimientos y de apoyos innecesarios. Es como el consejo de Rubén Darío: *No jugar al espectro porque se llega a serlo*. El gesto fantasmal del amaneramiento tiene el riesgo de volverse exageradamente visible en su repetición. Estos guiones, en la línea de la pose, no nombran pero anuncian. Son el estado que puede narrar y vivir a la vez, cuando narrar y vivir a la vez no es posible o se vuelve imposible. La pose que exigen es la del *entrenarrar* y *entrevivir*. Si tenemos que pensar en una figura ideal para comprender a lxs personajes de estos guiones, me viene a la cabeza el vagabundo —cuyo equivalente en la Edad Media eran las brujas—. No porque lxs personajes lo encarnan o lo representan, sino porque supone un modo sigiloso de construir una narrativa propia y de desplazamiento en el espacio. La inquisición condenaba al vagabundo arlequín por ser unx de lxs protagonistas de la Fiesta de los Locos, evento que ocurría durante los primeros días de enero y se caracterizaba por la bebida, la fiesta, las orgías y el travestismo. Los locos no eran lxs tontxs o estúpidxs, sino lxs frenéticxs, extasiadxs y torcidxs, lxs que no podían parar de gastar energía sin finalidad alguna, son lxs personajes del gasto improductivo.

La palabra amanerada es la que derrocha y desborda, la que tiene sobrantes, la que cuenta de más y profundiza en un sentimiento de culpa. El palabrerío brota entre la eficacia y aparente neutralidad del discurso económico y el derroche del discurso del paciente. El primero tranquiliza, el segundo perturba. La pose no admite moderación alguna y, a la vez, diagnostica aquello que se supone falso o impostado. Las palabras en estos guiones no llevan al diagnóstico, pues éste ya fue realizado, sólo lo confirman y lo entorpecen. La pose vive en la escritura.

En *El aprendiz de brujo*, Bataille decía que lxs artistas, lxs políticxs y lxs científicxs asumen la tarea de mentir, y que por eso quienes dominan la existencia casi siempre son aquellxs que saben mentirse mejor a sí mismxs y, como consecuencia, mienten mejor a lxs demás. La mentira tiene una gestualidad de diccionario: a veces mueca, a veces tono; el estudio preciso la puede detectar. Mentirse a sí mismx como forma de vida es otra cosa, es indetectable. Estos guiones se mienten a sí mismos como forma de vida. El tono es el de los libros *Para principiantes...*, parte, aún hoy, de nuestra educación emocional. Es el tono del secreto público, aquel que se cuenta bajo para que sea oído y difundido. Es el tono de una enfermedad que necesita ser anunciada para escenificar el drama. Es el tono de la coma infinita, el tono del *pero,* del discurso como tren fantasma.

Federico García Lorca decía que para buscar al duende no hay mapa ni ejercicio.[2] El duende rechaza toda geometría aprendida, rompe con todos los estilos, pero es fundamental para llegar a cualquier emocionalidad buscada. Cuando llega el duende, dice, hay un cambio radical en todas las formas. El espacio para las escenas en estos guiones se puede pensar como un espacio duende, más que un espacio de agarre es un espacio atado a la pose, al gesto y a las palabras. No existe diferenciación entre un posible objeto dramático (lx intérprete), el objeto escénico (el acto consciente de expresión) y el objeto teatral (el objeto material en sí). Más que objetos, los materiales acá son huecos; buscan, como dice el escenógrafo Gastón Breyer, la escena perdida. Tienden

2. *Teoría y juego del duende* fue la primera conferencia que Garcia Lorca pronunció en Buenos Aires en 1933 en pleno apogeo del primer golpe de Estado Argentino. Lorca usa al *Duende* para escenificar la relación de los españoles con la creación y la muerte.

a formar una fisura, una propuesta de "hueco de significancia", son un frente de cosas que exigen reaccionar de una manera u otra. En las posibles clasificaciones que ofrece el relato escenográfico —que en este caso tiende a una ambientación—, los guiones habitan el contexto de la escenografía de localización, que es, al mismo tiempo, un punto de apoyo y de pérdida.

La pregunta *¿qué es un grupo?* obsesionó a varias generaciones. En la década de los sesenta, Franco Di Segni, un artista y líder de la grupalidad en el análisis de obras de arte en Buenos Aires, decía: "Las ideas, en el grupo, circulan siguiendo un movimiento en espiral de uno a otro de los miembros y el resultado, al final, pertenece a todos indistintamente, aún a aquellos que han participado en su elaboración en forma aparentemente pasiva". Aunque algunos de estos guiones se manifiestan en la individualidad, habitan el plano de lo grupal, de lo comunal. El grupo se confirma, entonces, como una institución o, mejor dicho, como lo instituido. Ahí donde la figura preferida es la del pasivo.

La sala experimental que Harry Stack Sullivan creó en los años treinta, en el Sheppard and Enoch Pratt Hospital, tuvo muchas repercusiones en la conformación de lo grupal y en la posibilidad de intervenir en el entramado de vínculos y lazos afectivos en Argentina durante los años siguientes, dando lugar a transformaciones planificadas en las personas. Lo grupal, acá, venía a cumplir algo de ese plan perverso encabezado por Enrique Rodrigué, quien tenía la intención de generar un estado terapéutico permanente sin alteraciones en la ciudad civil, acompañado de un código tácito de conducta aceptable, en el que ciudadanx es igual a paciente. La comunidad terapéutica fue la concreción a pequeña escala de ese proyecto. Estos guiones se agrupan en un estado terapéutico permanente, tal como fue el sueño de Sullivan y Rodrigué: aparecen como incompletos, abiertos e inacabados.

"Buscar ambiente", decía Rodrigué, fue uno de los objetivos de la invención de la comunidad terapéutica y de su posible traslación a la ciudad terapéutica.[3] Para ello era necesario generar un "clima emocional" mediante un acuerdo de constelaciones de valores y patrones, es decir, seguir la norma para ser, cada vez menos, unx paciente. El camino hacia la ciudad terapéutica consiste en percibir, poco a poco, cada gesto y cada movimiento como potencialmente terapéuticos. Para que esto suceda, es importante pensar la comunicación bajo fines administrativos y prácticos. Distintos niveles de tolerancia traerán consigo no sólo diferentes climas emocionales, sino tam-

3. El concepto de *ciudad terapéutica* se desarrolló en el boom de terapias grupales que explotaron en Buenos Aires en la década del 1970 e influenciaron muchas disciplinas científicas, artísticas y clínicas.

bién diferentes climas terapéuticos. Más allá de que en estos guiones prime la ciudad terapéutica, está también presente el sistema de la institución total, que quita autonomía y atemoriza. Esa institución total es el presente, donde se sostiene un sistema diferencial en la comunicación entre agentes y clases, donde prevalece siempre el abajo–arriba. La institución total crea una herida en la constelación de los afectos, y llega a ser vertebralmente constitutiva de la persona. Hoy en día, en algunos internados aún se exige a lxs ancianxs que, durante su internamiento, dejen fuera de la institución sus dentaduras postizas con el objetivo de que queden "desinfectados de toda identificación".

En estos guiones, la ciudad terapéutica es una ciudad enferma porque nunca podrá deshacerse de la burocracia social del futuro. Tiene que ser artificial para operar efectivamente. La ilusión de un contexto sólo emerge con la artificialidad, donde las variables sociales, los caracteres de personalidad o las intencionalidades se reducen o se confunden, cada vez más, para incorporar elementos que promueven mayor opacidad.

Los guiones de Liv Schulman son una pequeña oda a los muchísimos estados de ánimo que pueden alcanzarse en el menor tiempo posible. Una contundente ecuación de estados de ánimo por minuto. La inestabilidad identitaria que se asoma en ellos, más que una cuestión autorreflexiva, es la sensación constante de un ataque externo por medio de las palabras de la "gente", que es también el público. El diagnóstico es determinante y a la vez se esfuma, sin consecuencias, decae. La obra de Liv (y así también la inflación o la ciudad terapéutica) es como el zapallo de Macedonio Fernández: su tonta ambición ocupa todo el espacio posible, hasta el cosmos; por eso mismo, como anota la propia artista en uno de sus guiones, el problema no es el dinero sino la fantasía.

Pose and Words

Santiago Villanueva

In 1996, a book caused a journalistic sensation, revealing part of the "spiritual supermarket" of celebrities and politicians in Argentina. *La Argentina embrujada* by Viviana Gorbato included a series of statements that showed how major decisions were, in reality, small choices made in a witch's garage or in an Umbanda temple. The constant uncertainty surrounding the economy led to having a spiritual consultant inside the Casa Rosada to—as Liv Schulman puts it—"maintain democracy." According to the Ford Foundation, a new kind of therapy or self-knowledge emerged once a week in 1968. By 1996, when Gorbato wrote her book, a new one cropped up every day. There were as many methods as there are days in a year.

Inflation was controlled by spiritual means, and the country's ailing pose became a constant: There is a diagnosis and the diagnosis is enough; there is no hope for recovery. Gorbato transcribes the words of the neoliberal president of the time, Carlos Menem,[1] at the multinational forum in Davos, Switzerland, where, while walking across the stage without a coat, he said: "I don't feel cold because it's a mental matter. It's very simple: I tell myself that I'm not cold, and I'm not. It's a practice of mental control."

By that time, Hilda Evelia had been Menem's witch for 28 years, and as early as 1961, she had predicted that he would become president. Menem had a parallel cabinet of witches, which Gorbato calls "the occultist harem." One of them, Aschira, was sidelined when, on a famous television program, she began to cry after predicting social uprisings across the country. That day, Menem said, "Astrology is a crude hoax." However, when he had to give a speech at the Sociedad Rural on economic

1. In the economic context of Argentina in 1989, President Carlos Menem introduced the concept of convertibility, making one Argentine peso equal to one dollar. This fantasist economic behavior led to the financial crash of 2001.

development, he slipped up. The speech had been written by one of the president's ministers and ended with: "Let's not get carried away by witchcraft." Menem, realizing what he had said, looked up and added, "With all due respect to witches of all kinds." The situation began to get slightly out of hand when inflation rose, the Argentine peso depreciated against the US dollar, and psychiatrist Carlos Warter said on television, "Menem is an alien... we put him there."

This moment in Argentinian history summoned participants from infinite cosmic categories: militants of transcendence, occasional experimenters, professionals in matters of the beyond, everyday witches, major witches, occasional or regular witchcraft seekers, unprecedented witchcraft seekers, and hedonistic superstitious beings. Politics took an esoteric turn in the face of crisis. Even prominent astrologer Ludovica Squirru told the media that, since, according to the Chinese horoscope, Argentina is a Rat and a naturally adaptable nation, we must always take advantage of crises to grow internally.

Nothing precedes the characters that inhabit Liv Schulman's scripts; they are self-presenters with no obvious backstory—or with the muddled past of those who've fallen from grace. In their posturing, they occupy the territory of the "possible." The posture is that of an ailing existence, revealing certain behaviors. Sylvia Molloy argues that, in Decadentism, everything was a matter of posing, sometimes frivolous, sometimes a caricature or an imperfection. The truth is that posing can be understood as a relevant gesture for thinking about the cultural politics of a given moment. The body in a pose, says Molloy, functions as a cultural statement, as a theatrical projection, and outside of the theater, as a visual entity. To pose is to exhibit oneself, which is not just to show, but also to make one recognizable and identifiable to oneself. The pose of affectation is the one that, through exaggeration, says too much. This is the ideal pose for some of these scripts. Affectation is the opposite of theatricality. To demonstrate an affectation is to let the body go, to let loose and turn one's sights toward the floor.

The pose presents itself like makeup; it wants to be seen, but in a certain way. It highlights the artificiality of movements and unnecessary props. As Rubén Darío advised, "Don't play the specter, or you'll end up becoming one." A ghostly affectation risks becoming exaggeratedly visible through repetition. These scripts, like poses, do not name but announce. They are a state that can narrate and be experienced at the same time, when narrating and experimenting simultaneously is not possible or becomes impossible. The pose the scripts demand is that of *half-narrating* and *half-living*. If we have to think of an ideal figure for the characters in these scripts, the wanderer comes to mind—whose medieval equivalent was witches—not because the characters embody or represent the wanderer but because it implies a stealthy way of constructing one's own narrative and moving through space. The Inquisition condemned harlequin vagabonds for being, in part, responsible for the protagonists of the Feast of Fools, an event that took place during the first days of January and featured drinking, partying, orgies, and cross-dressing. The mad were not the foolish, but the frenetic, ecstatic, and twisted—those who could not stop purposelessly expending energy, the characters of unproductive expenditure.

The affected word is the one that wastes and overflows, one that's excessive, that says too much, and deepens into guilt. Wordiness springs up between the efficacy and apparent neutrality of economic discourse and the wastefulness of the patient's discourse. The former reassures, the latter disturbs. Posing doesn't allow for moderation, and at the same time, it diagnoses what is supposed to be untrue or fake. The words in these scripts do not lead to a diagnosis, since it has already been made; instead, they confirm it and underwrite it. The pose lives on in writing.

In "The Sorcerer's Apprentice," Bataille states that artists, politicians, and scientists lie, and that those who rule existence are invariably those who know how to lie to themselves best and, as a result, lie better to others. The lie has a definite gestural quality: sometimes a grimace, sometimes a tone; careful study might reveal this. Lying to oneself as a way of life is another story; this is undetectable. These scripts lie to themselves as a way of life. The tone is that of the *For Beginners* books, still part of our emotional education today. It is the tone of the public secret, the one revealed in a voice just hushed enough so that it can be heard and spread. It is the tone of a disease that needs to be announced to set the stage for drama. It is the tone of the infinite comma, the tone of the "but," the tone of discourse as a ghost train.

Federico García Lorca said that there is no map or exercise for seeking *duende*.[2] *Duende* rejects all acquired geometry, breaks with all styles, and yet is essential to reaching any kind of desired emotionality. When *duende* arrives, all forms undergo radical change. The space for the scenes in these scripts can be thought of as *duende* spaces—more

2. "Teoría y juego del duende" ["The Theory and Play of Duende"] was the first lecture García Lorca gave in Buenos Aires in 1933, at the height of Argentina's first coup d'état. Lorca uses *duende* to stage the relationship of Spaniards with creation and death.

than spaces to cling to, they are spaces bound to poses, gestures, and words. There is no distinction between a potential dramatic object (the performer), a scenic object (the conscious act of expression), and a theatrical object (the material object itself). More than objects, the materials here are hollow; they seek, as set designer Gastón Breyer says, the lost scene. They tend to form a fissure, a "void of meaning", a confrontation demanding a reaction one way or another. In the possible classifications offered by scenographic narrative—which, in this case, leans toward an environment—the scripts inhabit the context of location scenography, which is at once a point of support and of loss.

Several generations were obsessed with the question, "What is a group?" In the 1960s, Franco Di Segni, an artist and a leading figure in the study of groupality in the analysis of works of art in Buenos Aires, stated that "ideas, within a group, flow in a spiral movement from member to member, and the final result belongs to all alike, even to those who have participated in their creation in an apparently passive way." Although some of these scripts manifest through individuality, they inhabit the sphere of the collective, of the communal. The group thus confirms itself as an institution, or more precisely, as the instituted—where the passive figure is preferred.

The experimental ward that Harry Stack Sullivan established in the 1930s at Sheppard and Enoch Pratt Hospital had far-reaching consequences for shaping group dynamics and the ability to intervene in the network of affective bonds in Argentina in the following years, resulting in planned transformations in people. In this case, the group came to fulfill part of a perverse plan led by Enrique Rodrigué, who intended to generate a permanent therapeutic state without disruptions in civil life, coupled with a tacit code of acceptable behavior in which citizen equals patient. The therapeutic community was the small-scale realization of this project. These scripts are grouped in a permanent therapeutic state, as was Sullivan and Rodrigué's dream: They appear incomplete, open-ended, and unfinished.

Rodrigué said that "looking for environment," was one of the objectives behind the invention of the therapeutic community and its potential extension to a therapeutic city.[3] To achieve the therapeutic city, an "emotional environment" needed to be generated through an agreement on values and patterns—that is, to follow a norm in order to

3. The concept of the therapeutic city developed amid the boom of group therapies that flourished in Buenos Aires in the 1970s, influencing a wide range of scientific, artistic, and clinical fields.

become, little by little, less of a patient. To establish the therapeutic city is to gradually view each gesture and movement as potentially therapeutic. For this to happen, communication must be considered administrative and practical. Different levels of tolerance will result in not only different emotional environments but also different therapeutic environments. Beyond the primacy of the therapeutic city in these scripts, the "total institution" also appears, one that strips autonomy and instills fear. This total institution is the present, maintaining a differential system of communication between agents and classes, where a top-down hierarchy always prevails. The total institution creates a wound in the constellation of affections and becomes the backbone of the person. Nowadays, some nursing facilities still demand that elderly residents leave their dentures behind during their stay, to be "disinfected from all identification."

In these scripts, the therapeutic city is a sick city, since it will never be able to rid itself of the social bureaucracy of the future. It has to be artificial to operate effectively. The illusion of a context occurs only with artificiality, where social variables, personality traits, or intentions are increasingly reduced or blurred to incorporate elements that promote greater opacity.

Liv Schulman's scripts are a brief ode to the wide range of moods that can be achieved in the shortest time possible. It's a powerful equation of moods per minute. The identity instability that appears in them, more than a matter of self-reflection, is the constant sensation of an external attack through the words of the "people," who are also the public. The diagnosis is decisive, and at the same time, it vanishes without consequence; it wanes. Liv's work (as well as inflation or the therapeutic city) is like Macedonio Fernández's pumpkin: Its foolish ambition takes up all possible space, all the way up to the cosmos. That is why, as Liv points out in one of her scripts, the problem is not money but fantasy.

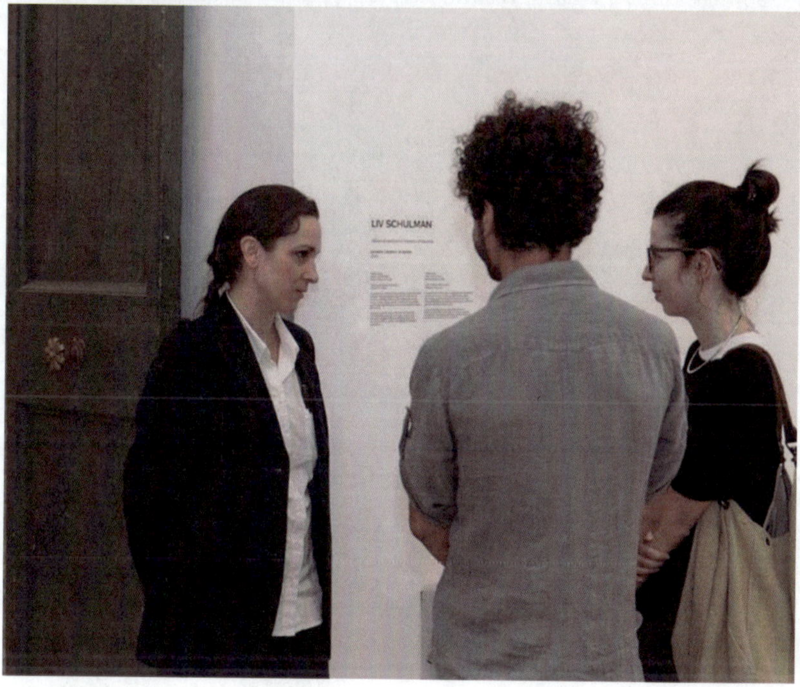

Parásita/ Simbiosis/ La MiaVita, 2023

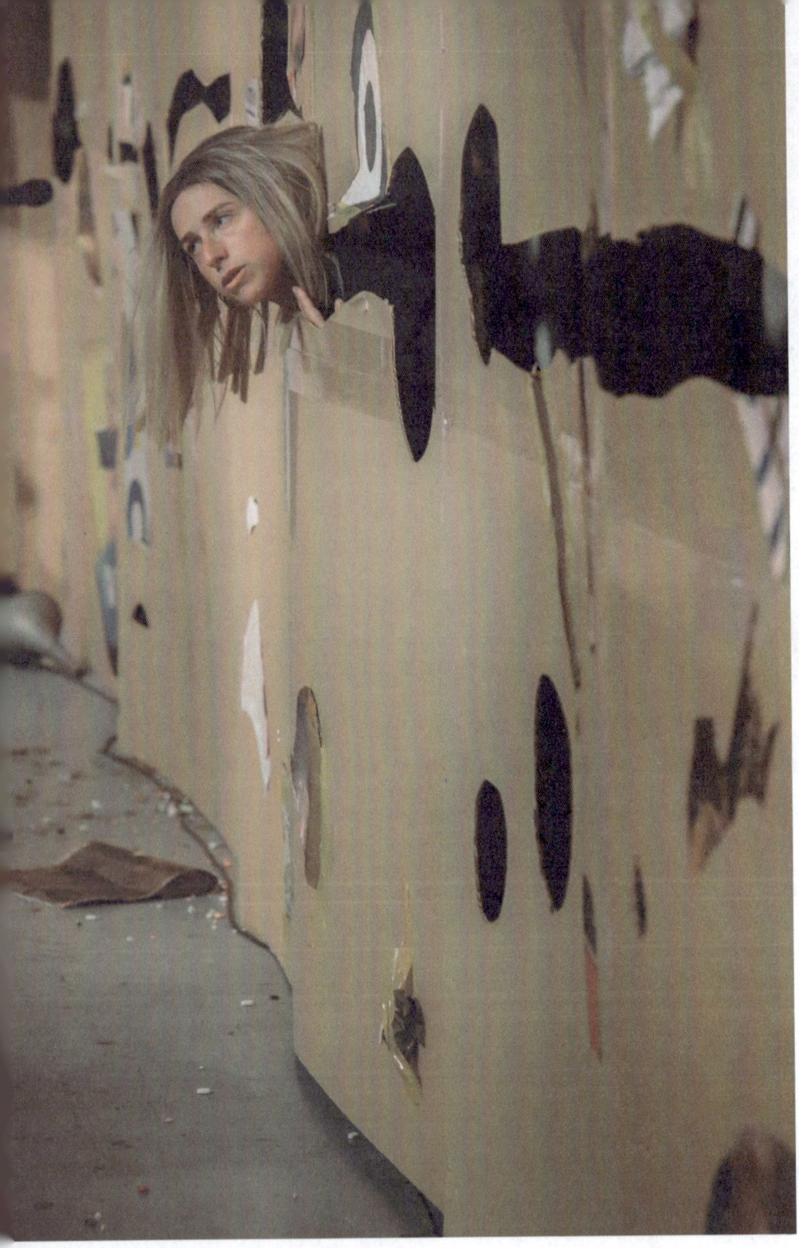

Descartes Borderline, 2023
P. 26, 27 y 28

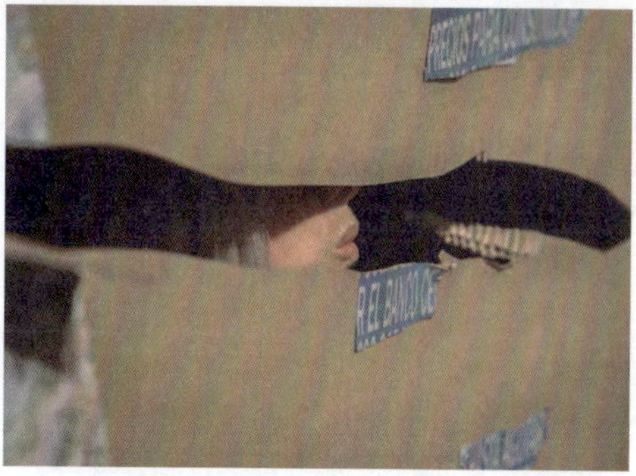

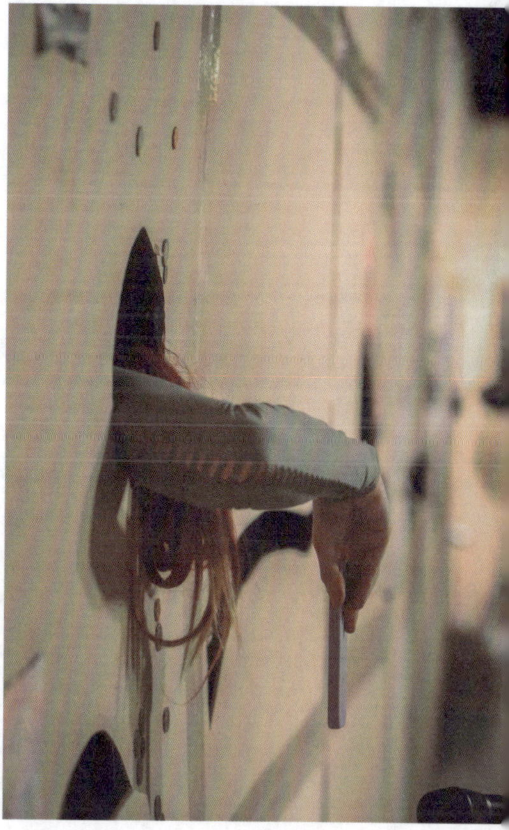

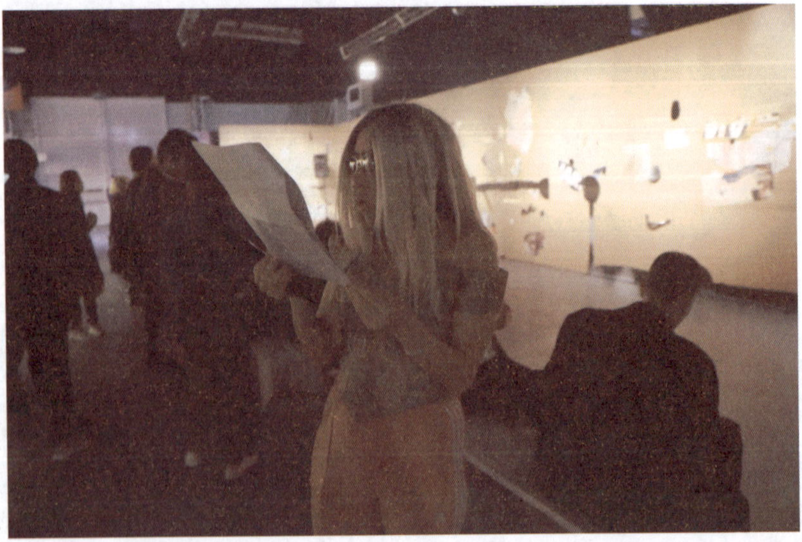

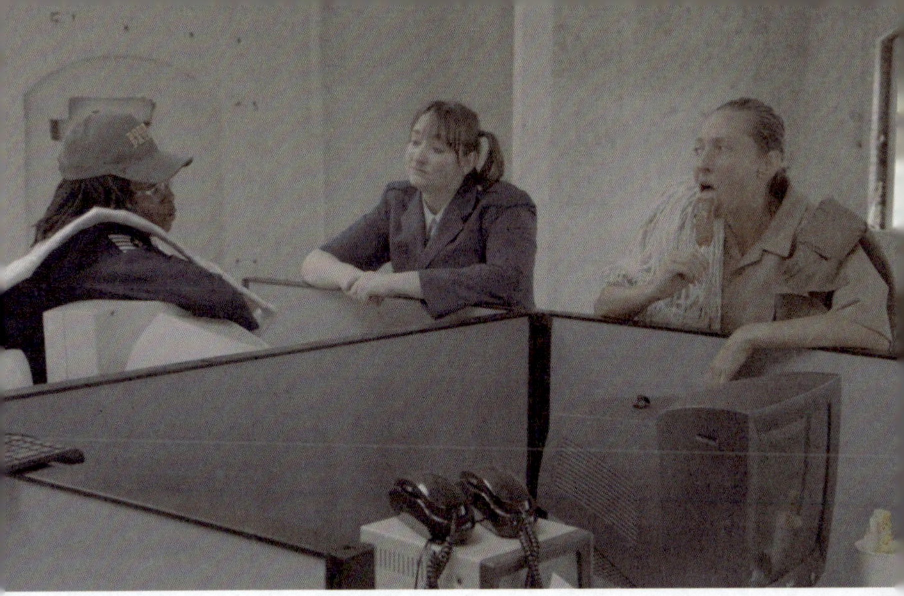

La nueva inflación, 2021
P. 29, 30, 31 y 32

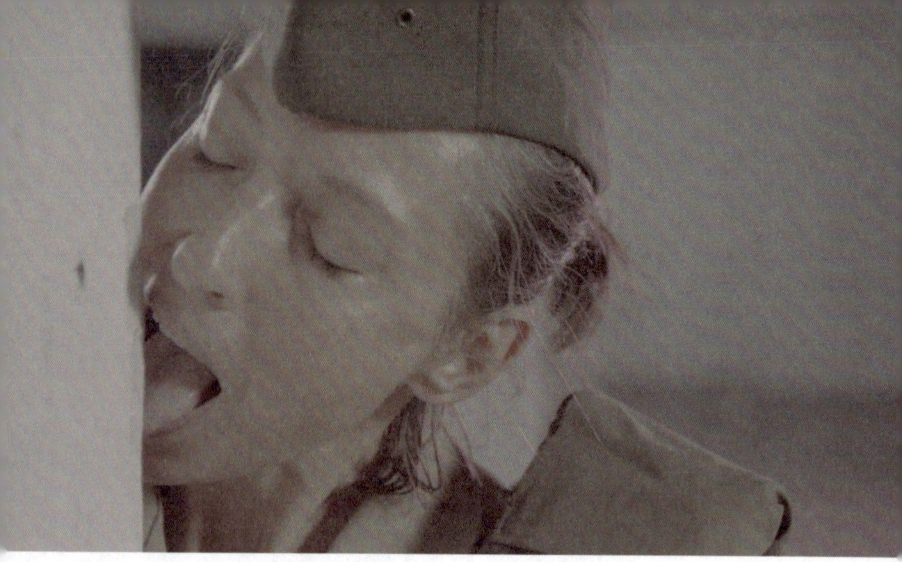

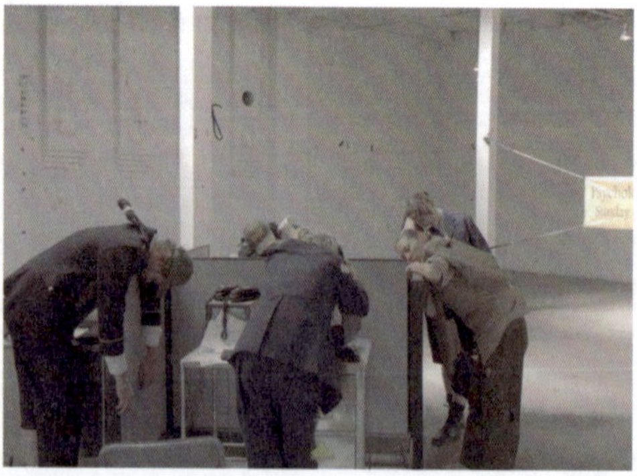

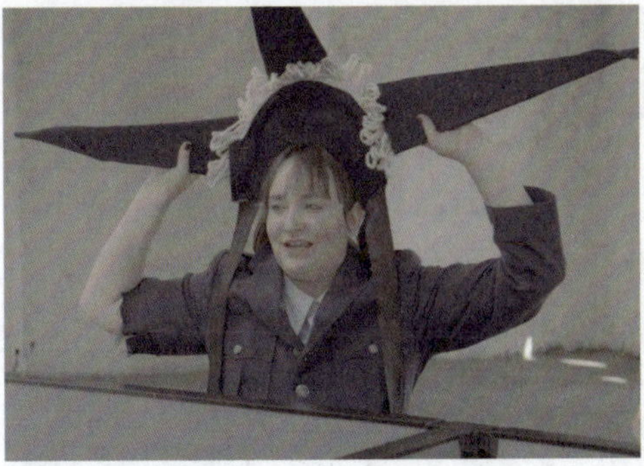

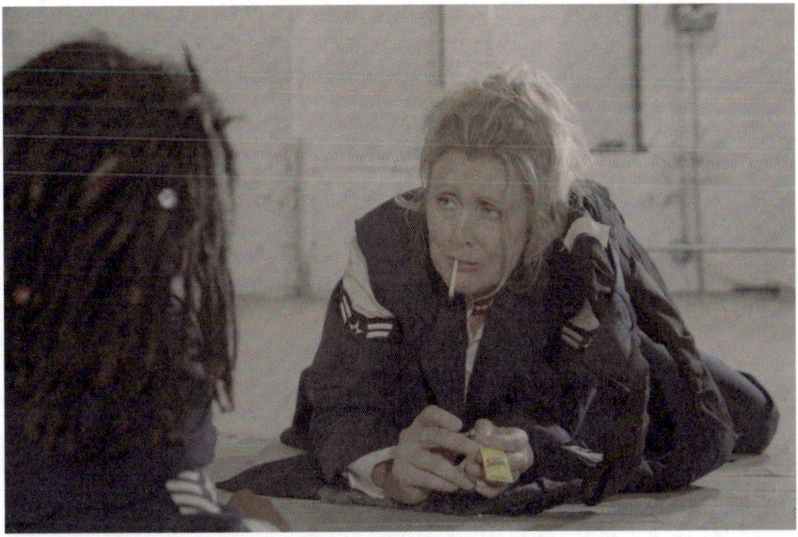

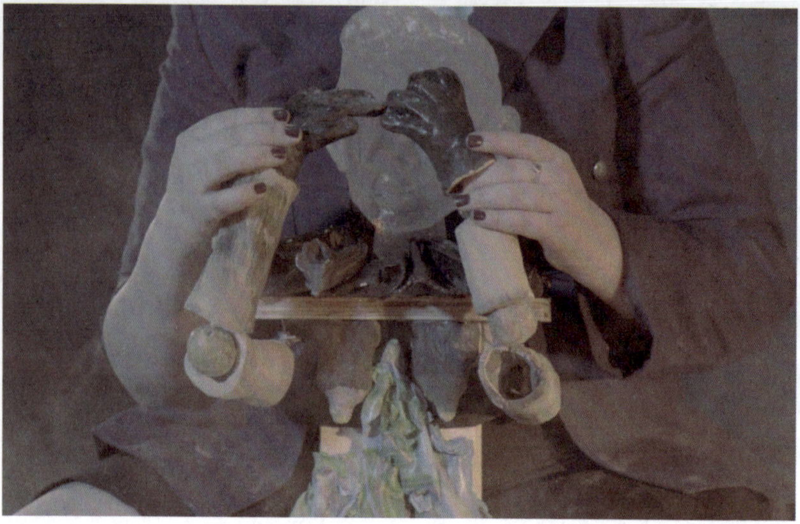

Parásita
Simbiosi
La MiaVi

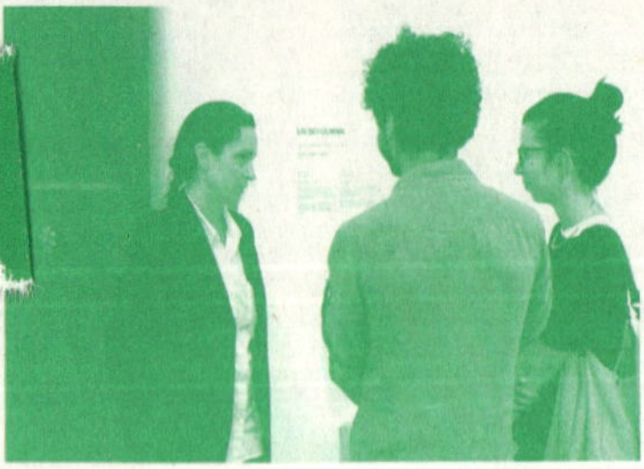

/

s/

ta

35

Esta performance fue creada para una actriz que interpreta mi propio rol en una exposición del museo de la Villa Médici en Roma. Ella va vestida como una guardia de seguridad y hace permanencias de cuatro horas dos veces por semana, los fines de semana. Cuando llegan visitantes se acerca a ellxs, se presenta como Liv Schulman y les cuenta anécdotas de mi vida como si fueran suyas. Lo que sigue a continuación son las anécdotas y un fragmento del diario —escrito por Bianca Friscelli, la actriz que me interpretó— durante los días en que realizó la performance, entre el sábado 1 de julio y el domingo 16 de agosto de 2023. El diario relata el desarrollo de un método actoral basado en la imitación, el parasitaje y la simbiosis.

Preparación

Repertorio de posibles estados de ánimo / aproximaciones a las personas de la exposición:

- *Nervioso, con la mirada un poco desenfocada*
- *Estado de ánimo más teatral: inspirando y expirando con fuerza, posando, usando el tiempo para dirigir la mirada*
- *Vagamente intimidatorio, con una intimidad que parece forzada*
- *Mezcla entre ironía y timidez*
- *Una contradicción entre franqueza e inseguridad: sensación de invisibilidad, de passepartout, de algo que podría parecer inexistente y que al final resulta insidioso*

Performer

0. Me llamo Liv Schulman y soy artista. Me llamo Liv Schulman y soy una antigua residente de esta academia.

1. Me casé con un economista. Él me enseñó casi todo lo que sé de economía. Y sé mucho de economía. La otra parte de todo lo que sé sobre la economía viene del hecho de que crecí con mucha inflación. De mi exmarido voy a hablar en otra ocasión. Pero la inflación... fue mi amante durante muchísimos años. ¿Cómo sé que era una amante?

[dejar tiempo para respirar]

Porque venía a mi habitación por la noche, mientras la familia dormía, y entraba por mis poros esperando dentro de mí como el pan espera a leudar. Un día... leudó. Y se tragó todo de golpe.

2. ¿Qué sé yo sobre la economía? Sé que la economía es ficción y es una invención. Lo sé porque estuve casada con un economista. ¿Qué otra cosa es ficción? El matrimonio. Si el matrimonio es ficción y la economía es ficción, pero ambos forman parte de la realidad, puedo afirmar que la realidad sólo está compueeeeeeeeeeeeesta

[insista en esa palabra hasta que se haga muy larga]

exclusivamente de partecitas de ficción cosidas entre ellas. El dinero y el prestigio dependen de un grupo de creyentes. También el éxito.

3. Si querés entender lo que es la alteridad tenés que mirar tus propios sueños. Ayer soñé con una rata que me decía que nunca nadie sueña con ella. Era una contradicción, pero en el sueño tenía sentido. Los sueños pueden ser axiomáticos si quieren: pueden definir una realidad que no trasciende.

4. ¿Un chiste? Dos hombres se comen a un payaso. Después, los mismos dos hombres se comen un caballo. Después de comerse un caballo, se comen un falafel. En la etapa del falafel van al baño de un bar, se encierran en el gabinete y preguntan:
¿esto te hace gracia?
¿Por qué esa cara tan larga?
¿Te gustaron mis pelotas?

5. Fui educada como judía y atea al mismo tiempo. Pensaba que eso era algo que podían hacer lxs judíxs: ser judíx y no creer en Dios. Pero a los ojos de lxs judíxs ortodoxxs esto no es algo que lxs judíxs puedan hacer, para ellxs... yo no soy judía. Así que, en este momento, entiendo que para hacer que algo sea real tiene que ser validado por la parte que está en contra. El sistema bancario, por ejemplo, tiene que existir para lxs anarquistas. Mi sistema no religioso tiene que existir para un sistema religioso. Pero no fue así, y me encontré con que no era judía. No sabía cómo vivir mi vida no judía.
¿Podría hacer los mismos chistes que antes?
¿Podría reírme de las mismas referencias culturales?
Probablemente no.

Ni siquiera era sionista, estoy en contra de la ocupación israelí. Así que perdí el sentido de no tener religión y de tener algo original con lo que pudiera definir mi personalidad. Cada vez que veía una sinagoga no tenía ganas de entrar, y por la calle empecé a sentirme banal, poca cosa, una señora cualquiera.
¿Qué podía hacer?
Quise ser gay, pero sólo llegué a bisexual.

Tenía casi 40 años y era demasiado joven para dejar de vivir, y además me quedaban muchos años por delante como adulta: ¿cómo iba a llenarlos? La idea de progreso se había evaporado en una bruma oscura, así que no sabía qué más hacer.
¿Cómo pasar al siguiente nivel?

¿Cuál era el siguiente nivel?
¿Tener un hijo?
¿Crear una asociación filantrópica?
¿Hacer obras de caridad?
¿Hacerme famosa?
Famosa seguro que no iba a ser, al menos no a nivel real, así que no importaba. No sabía dónde moverme ni qué hacer que pudiera servirme para ser mejor. Me dije que probaría cosas nuevas, cosas que nunca había hecho en mi vida, porque quizá, dentro de una de esas cosas nuevas, se escondiera un pedazo de pasión. Y yo lo necesitaba.

Fui a una panadería y probé un *croissant aux amandes* porque vivo en Francia. Nunca fui dulcera, lo odié, era frito y repulsivo. Lo dejé y comí pollo frito. Me compré un balde de pollo, no era nada nuevo pero al menos me daba placer. Lo comí mientras caminaba e intentaba recordar cómo era la vida de cuando era judía. Ahora me sentía tan aburrida que sólo se me ocurrían ideas sobre el aburrimiento. Sólo se me ocurrían cosas que hace la gente cuando su vida es tan aburrida que necesita hacer algo extremo como *bungee jumping*
o emborracharse seis días seguidos.
¿Podría estar la diversión en el interior?
¿Cuál era el sentido de la vida?
¿Qué significaba el amor familiar en este momento y cómo me condicionaba?

No sabía la respuesta a todas esas preguntas y sigo sin saberla. Mis padres me querían, pero no lo suficiente, y eso me hacía estar desesperada por recibir atención. De todos modos, ya tenía casi 40 años y los padres ya no son una excusa. Me comí una bolsa entera de Doritos, me corté las uñas, corrí un kilómetro por la calle, le lamí el globo ocular a alguien y esperé en la mesa de un bar local. Me compré zapatos y esperé con la esperanza de que algo surgiera y cambiara el horizonte, pero no pasó nada.

6. El año pasado me dejó un novio. No me dejó por otra persona: me dejó por ser yo misma; no era adecuada para su personalidad. Su personalidad seguía siendo un misterio para mí. Nunca supe de qué se trataba: parecía muy ambicioso, casi arribista o codicioso, pero al mismo tiempo crítico con el mundo del arte.
¿Lo único que le importaba era el dinero?
¿O se trataba de marcar la diferencia?
Quizá era un revolucionario y yo no lo había visto bajo el prisma adecuado. Pensé mucho en quién era, pero nunca lo supe y nunca volví a verle.

Un día, paseando por un pequeño parque, vi a alguien que se parecía mucho a él. Grité su nombre. Tenía la cara cubierta de algo que parecía cera y no se movía. Estaba muy quieto. Lo miré y me miró sin mover la cara. ¿Era un robot? Hacía mucho tiempo que no lo veía. Hacía tanto tiempo que no sabía quién era que no estaba segura de estar pronunciando bien su nombre.
¿Rach?
¿Larchie?
¿Clerchi?
¿Cómo mierda se llamaba?
Él no se movió y yo tampoco. Dije "lo siento", susurré en realidad. Luego volví a susurrar "lo siento". De repente, giró la cabeza, se llevó una mano al pecho, se sacó una telita y abrió una puertecita de metal donde tenía la teta izquierda. Dentro había una llave brillante. La agarré y me alejé mirándola.
¿Qué podría abrir con esto?
Empecé a meter la llave en todas las cerraduras que veía, pero la llave era de goma y se doblaba cada vez.
¿Era una metáfora?
¿Pero de qué?
Parecía dura pero era blanda, sólo lo suficiente para doblarse cada vez que intentaba abrir algo. Fui a casa con la llave en la mano y la puse sobre la mesa de luz. En mitad de la noche, me desperté y tiré la llave al inodoro.

7. Mi nombre viene de que mis padres admiraban a una actriz llamada Liv Ullmann y que mi apellido iba a ser Schulman. Era como un chiste que quisieron hacer. Afortunadamente, esta actriz ya no es tan conocida, o al menos la gente menor de 30 años no la conoce tanto. Esto me alivia porque me da la impresión de que puedo volver a ser yo misma, brillar con luz propia. Pero últimamente descubrí a un fotógrafo y cineasta llamado Lee Shulman, que es mucho más famoso que yo y que, además, vive en París. Esto suena como si mi nombre fuera una broma a *su* nombre. Pensé en matarlo.

8. Siempre quise ser actriz, pero por desgracia mi interpretación es demasiado realista, así que la gente nunca sabe si estoy interpretando o hablando con ellos. También uso una forma de ironía que no sirve al propósito de la sinceridad en la forma en la que me dirijo al público, y por "público" me refiero a la gente. Simplemente gente que está en la calle, pero que yo los veo como público. Esto tampoco sirve al propósito de la amistad, ya que fuerza las relaciones.

Quise estar en el escenario, pero no entré al conservatorio, así que empecé a experimentar una especie de teatro inmersivo que sucede en el contexto cotidiano y que decidí llamar: LA VIDA

9. Cuando era estudiante trabajé como barista en un Starbucks. No se me daba muy bien. Todxs lxs demás baristas estaban muy comprometidxs con el trabajo y hacían un café estupendo. Bailaban mientras trabajaban porque era un grupo muy motivado. Movían el culo al ritmo de las máquinas de café, sacudían el cuerpo contra las cajas de cartón y pasaban los dedos por los ángulos del cartón. Cada vez que alguien hacía algo especial, como ponerle crema a un mochachino o gritar el nombre de un cliente muy especial, el resto del equipo le animaba soltando pequeños chorros de vapor, lo que nos daba a todxs un aire de discoteca.

Yo no lo hacía muy bien, no porque no quisiera, sino porque estaba distraída. Tengo el problema de que, si no voy a ser la mejor en algo —y no iba a ser la mejor barista—, entonces no quiero ni intentarlo y ser mediocre. Soy competitiva por naturaleza, algo de lo que no estoy orgullosa. Soy muy torpe y mi propia torpeza me distrae de estar concentrada. En aquel momento, mi motricidad tenía mucho que decir, pero de forma desorganizada, lo que me hacía sentir que no podía entenderla, ni a ella ni a su mensaje, convirtiéndose en un personaje abstracto para mí.

Un día nos propusieron organizar un concurso de baile, y para ello la cafetería se convirtió en una pista. Funcionó tan bien que se la quedaron: a partir de ese momento, todas las noches, después de la puesta de sol, el Starbucks se convertía en discoteca. Era una cafetería de día y una pista de baile por la noche. En ese sentido, todo recobró sentido, no por el concurso sino por el poder de la canción y el baile, que es la expresión misma de la motivación.

Lxs baristas estaban mal pagadxs como todx barista, pero tenían su espacio de baile por la noche, y ese espacio de baile expresaba la lucha de clases y la energía de la noche y del día, que son tan diferentes. Por la noche todxs eran ellxs mismxs, sin el uniforme. Lo hicieron durante todo un año, y un día cambiaron las normas y el Starbucks se vio obligado a cerrar al anochecer. Dijeron que era una cuestión de seguridad. Eso se debió a que el barrio pasó a ser estrictamente de oficinas. Así que se acabó la pista de baile y lxs baristas volvieron a casa a ver la tele sin saber qué hacer con sus cuerpos.

Fue un año muy triste para todxs, sobre todo para mí. No me habían aceptado en el concurso de baile por mi motricidad y el grupo estaba deprimido, y yo ni siquiera tenía recuerdos que rememorar de los buenos tiempos del baile. Pero a veces los recuerdos no lo son todo; a veces necesitamos vivir el presente, dejar ir el pasado y entender que, si algo no funcionó, es simplemente porque no era para nosotrxs.

Así que no iba a ser una barista excepcional porque no era para mí. Tal vez podría intentar una carrera como actriz. Pero, ¿y la lucha de clases? La pista de baile estaba ahí para expresar la lucha de clases y luego la cerraron.
¿Significa que la lucha de clases no era para nosotrxs?
¿Que, si algo se cierra gracias al destino o a la especulación financiera, no tenemos nada que decir al respecto porque simplemente no era para nosotrxs?
¿Qué hay de las compensaciones o incluso de la justicia?

Nada de eso ocurrió y todxs volvimos a casa a sentar el culo delante de la tele. Aquel año repetían episodios antiguos de *El Zorro* todas las noches porque hasta la tele se había quedado sin ideas y sin dinero, que en este caso... es lo mismo.

10. Llevo hablando de este fenómeno mucho tiempo, desde la última vez que nos vimos. Cuando crecí en las economías liberales de los noventa, un fantasma me hizo el amor. Venía a mi habitación por la noche, mientras mis padres dormían. Entraba por los bolsillos de los abrigos que colgaban detrás de la puerta y se metía en la cama, haciéndome el amor de un modo muy personal o abstracto. Todo esto sucedió durante los años noventa.

Yo era adicta a ese fantasma. No tenía género, no era ni hombre ni mujer, sólo un fantasma. Para llamarle tenía que invocar a los confines del universo, hacer estallar una vibración que viajaba a la velocidad del sonido —más lenta que la luz, pero desafiando los principios de localidad y realismo— y estimular, al mismo tiempo, dos partículas idénticas pero separadas.
Ese fantasma se llamaba convertibilidad.
¿Y qué era la convertibilidad?
Era un sistema monetario que regía la relación entre mi país y las monedas estadounidenses, estableciendo la equidad entre el dólar y el peso convertible. Como el fantasma de la convertibilidad venía de uno de los puntos más lejanos del universo, lo aceptamos como una posibilidad de deseo e ingreso en mi familia. La convertibilidad era una promesa de crédito: podía ser en especie o podía ser en teoría. Para nosotros era material intercambiable, porque sabíamos que nunca tendríamos dinero. Nuestro negocio era la imaginación.

Pero, en teoría, el uno era uno. Eso significaba que si una botella de Coca-Cola costaba un peso, yo podía pagarla con un billete de un dólar. Esa forma de abstracción marcó mi vida: uno sería el otro para siempre.
Teníamos los dólares.

Esto sucedió en los noventa, pero, en muchos sentidos, estábamos adelantados a nuestro tiempo. Porque...
¿Era el dinero nuestro problema?
No, nuestro problema era la fantasía. Teníamos demasiada. Nuestras vidas se basaban en elaborar una serie de equivalencias imaginarias que iban cambiando todo el tiempo, incapaces de afrontar la realidad hasta que llegara la crisis. Cuando por fin llegó un día, un dólar era diecisiete pesos, ¡éramos pobres!
Y así, a la mañana siguiente un peso eran veintitrés dólares, ¡podíamos ser aún más pobres!
Los dólares cambiaban todos los días y también los pesos, cada vez más numerosos, y los dólares cada vez más escasos.
No teníamos más dólares.

Cuando mirábamos a nuestro alrededor, todo en el país era importado o una mala copia casera de todo lo que existía en el mundo, y era importado. Toda nuestra ropa eran copias informales de Dolce & Gabbana, Gucci, Hermès, Prada, Benetton, Louis Vuitton. Los precios cambiaban constantemente. Las pegatinas con los precios empezaron a amontonarse en las tiendas haciendo que las paredes parecieran más gruesas. Cada día, cada hora, cada segundo eran diferentes. Las pegatinas con los precios se acumulaban en las paredes. Las paredes empezaron a parecer acolchadas, como las celditas acolchadas de un manicomio.

11. El primer trabajo que tuve en mi vida fue de profesora de inglés para un niño paraguayo. La familia me pagaba con empanadas, en vez de pagarme en efectivo. Esto sucedió porque, en ese momento, había una crisis en el país y nadie sabía el valor del dinero porque cambiaba todo el tiempo. En realidad, no tenía valor. Así que el intercambio y el trueque se convirtieron en la primera economía del lugar. No estaba tan mal: no había regulación. Una clase de inglés podía valer 200 empanadas o un lengüetazo de perro o un viejo Rolex que alguien había olvidado en un cajón...

En aquella época aprendí todo lo que necesitaba saber sobre el mercado del arte, simplemente haciendo esta analogía: en la crisis, el dinero no tenía valor;

por lo tanto, valdría lo que vos quisieras que valiera. El arte no tenía valor: era algo que nacía en crisis, que se situaba en el terreno de la experiencia, no del valor. Y no se puede indexar la experiencia porque las experiencias son intraducibles, dependen estrictamente de quien las vive. Con el arte pasaba lo mismo: no tenía por qué tener valor, dependería de un afecto.

Esta es una historia muy aburrida, lo sé. Pero es importante porque, de lo contrario, no me habría convertido en artista.

12. ¿Sabías que una vez viajé en el tiempo?
Generalmente vivo en Francia, pero ese día estaba en Buenos Aires y era verano. Estaba durmiendo en casa de unxs amigxs. En verano, el sol está alto todo el tiempo, sonriendo con un aire obtuso. Tenía que estar en un bar a las 10:00 de la mañana. Tenía una reunión, en realidad era una cita. Esperaba obtener algo de sexo de esa cita, pero la promesa de sexo era muy remota y, aunque soy idealista, ya sabía que era complicado: demasiado complicado, desordenado y lejano.

Me desperté en casa de mis amigxs y vi el sol. Mis amigxs estaban durmiendo. Me puse algo de ropa, no mi ropa habitual —ya que la mía estaba en otra habitación donde dormían mis amigxs— sino un vestido que encontré en el suelo. Era de la novia de mi amigo. Me quedaba bien. Me indignaban mis amigxs que eran demasiado vagos para levantarse a las nueve de la mañana, y pensaba que, en este país donde crecí, nadie quiere trabajar.

Era un día complicado, políticamente hablando, porque había una reunión del G20. La Ministra de Seguridad le había advertido a los argentinos que abandonaran la capital. Iba a ser un día tenso. Llegué a la calle y vi que estaba vacía: nadie, ni un alma. Me sentí muy animada, casi alegre, pero pensé que la gente era chupaculos y que todxs habían abandonado la capital o estaban escondidos en sus casas por los posibles disturbios que surgirían con la situación del G20. Ni siquiera había un portero por ahí barriendo la vereda o tirando baldes de agua para limpiarla. Ni un alma.
Caminé por la calle y, de repente, me di cuenta de que estaba corriendo.

Ahora estaba tan alegre; la verdadera alegría me subía desde las tripas hasta la garganta. Abrí la boca y grité:
¡La calle está vacía! ¡Vacía!
¿Nadie quiere trabajar aquí?
¡¿En ESTE país absolutamente nadie quiere trabajar?!
Estaba indignada y al mismo tiempo extasiada, como si este fuera el verdadero

mitin. A las 9:30 de la mañana de un lunes, las calles estaban completamente vacías, apenas bañadas por el sol.

Corrí por la calle, tomé un colectivo y llegué al bar. El bar estaba abierto pero vacío, mi cita no estaba allí. Esperé durante una hora y nunca llegó. Pensé que era un cobarde, que probablemente se había acobardado por la posibilidad de sexo. Pero estaba bien, no estoy para cobardes. Quería recuperar mi ropa vieja, así que volví a la casa de mi amigo, que estaba en un barrio alejado. Toqué el timbre tres veces pero nadie abrió. Las calles seguían vacías.
No había nadie.
Así que me quedé fuera y mi ropa de verdad estaba dentro, y yo llevaba un estúpido vestido rosa que, en realidad, me quedaba chico. Ahora me daba cuenta. Mis amigxs probablemente se habían ido, o se negaban a trabajar, como todo el mundo en el país. Volví a la casa de otra amiga, Ariela, de la que tenía la llave. También estaba muy alejada, pero no me importaba la lejanía ya que casi podía volar.

Las calles seguían tan vacías y yo era taaaaan ligera.
Podía correr, flotar, deslizarme en patines imaginarios..., era superrápida.
Llegué a Ariela en un arrebato de pasión, gritando lo más fuerte que pude *HEY YOUUU* de Pink Floyd.
Abrí la puerta gritando:
Hey you, out there in the cold, getting lonely, getting old. Can you feel me?
En la parte de can you *feel me* me tiré de rodillas al suelo simulando tener una guitarra eléctrica entre las manos. Grité tan fuerte como pude. Ariela abrió la puerta con cara de sueño y me preguntó si podía callarme y dejarla dormir. Pensé que era muy grosero de su parte y que era muy perezosa. Probablemente ya era mediodía,
¿qué hacía un lunes durmiendo hasta el mediodía?
¿Por qué no se unía a mi canto, por ejemplo?
¿Se debía a la situación del G20?
¿Nadie quería ir a trabajar?
¿Seguía siendo el trabajo una opción en este mundo?

Llamé a mi padre para quejarme de eso. Mi papá es un viejo choto y le encanta decir cosas conservadoras y neoliberales como: "¡Ah!, en este país nadie quiere trabajar, si al menos estuviéramos en Europa bla bla bla". Pero mi padre agarró el teléfono y me dijo: "Liv, ¿qué, pasó algo?". Pensé que estaba loco, no había pasado nada, ¿de qué estaba hablando? Quería invitarlo a compartir mi rabia contra los argentinos vagos que no quieren trabajar un lunes por la tarde.

Me senté en la silla desorientada y de repente miré el reloj de pared. Eran las 6:30 de la mañana. No podía ser. Y entonces caí en la cuenta. Miré mi reloj de pulsera y marcaba las 12:30 de la tarde. Había estado viviendo todo este tiempo con mi hora francesa y creyendo que el mundo era cinco horas más tarde. No me había dado cuenta. Estaba en el Nuevo Mundo, donde todas las palabras eran más jóvenes, los relojes más jóvenes... ¡Yo era más joven! El bar estaba abierto toda la noche y yo había salido de casa muy muy temprano, sin darme cuenta de que ni siquiera era de día. Mis amigxs acababan de dormirse y yo estaba tocándoles el timbre a las cuatro de la mañana.
¿Cómo me había pasado eso?
¿Era tan testaruda que prefería convencerme de que el mundo entero había cambiado en vez de estar yo equivocada?

Esta fue la única oportunidad en la que viajé en el tiempo.

Fragmentos del diario de una performer

Bianca Friscelli

Sábado 1 de julio de 2023

Desde que salí de casa supe que hoy no sería un día fácil en la Villa Médicis. Miré muchas veces el pronóstico del tiempo esperando que cambiara de historia y, en cambio, tenía razón: llovía y muy fuerte. Esto siempre es problemático para Roma porque casi todo deja de funcionar y llegar a algún sitio puede llevar horas, puede volverse imposible. Es más, me pregunté durante todo el trayecto en metro, quién habría preferido venir a una exposición de arte contemporáneo en lugar de ir corriendo al hotel. ¿La respuesta? Muy poca gente. Ahora bien, sé que esto no es necesariamente un problema: cantidad y calidad no van de la mano, ¿verdad? Pero, por desgracia, hoy ha sido uno de esos días en los que hay pocxs visitantes.

Sólo he podido terminar uno de los relatos, el número 12. Por lo demás, he recibido tres rechazos, aunque creo que no es correcto llamarlos así. De hecho, no me rechazaron, sólo sonrieron amablemente y se marcharon, totalmente ajenxs a lo que yo decía y hacía. No me gusta llamarlos rechazos, creo que es más correcto decir acercamientos fallidos o *coitus interruptus* expresivo: me acerco a ellxs llena de expectación y emoción, y en el momento más bonito, cuando estoy a punto de empezar a contarles, me sonríen y se alejan porque lo único que entienden es mi atuendo de vigilante de museo. Este tipo de dinámica siempre me crea cierto nivel de vergüenza porque ¿qué se supone que debo hacer? ¿Perseguirlxs y obligarlxs a escucharme aunque no me entiendan? ¿Intentar hacer algo que no sé hacer como improvisar historias en inglés? ¿Dejar que se vayan? La mayoría de las veces, eso es lo que acabo haciendo. Sé que, en términos profesionales, probablemente no es lo correcto, pero cuando me dejan ahí parada como una muñeca, no puedo hacer mucho más. Claro que luego acabo un poco traumatizada y me vuelvo más tímida con lxs siguientes espectadorxs. Me resulta natural tomarme más tiempo y estudiar bien a mis posibles presas, buscando una —por fin— adecuada para mí [...].

Me siento un poco culpable por cómo van las jornadas de rendimiento y a menudo me pregunto qué podría y debería hacer para mejorarlas. A veces pienso que fui ingenua al aceptar este trabajo pensando que sería fácil. Pero luego también pienso que simplemente estoy actuando y que no es mi trabajo salvar esta experiencia, hacer que funcione, también porque no sabría cómo hacerlo sin invertir tiempo y recursos personales que no serían remunerados. Así que el ejercicio se convierte en quedarse, quedarse siempre —incluso en la incomodidad y caminar tranquilamente en medio de turistas desinteresadxs, tomándose *selfies* o simplemente entrando para resguardarse del calor o de la lluvia—, sin sentir que todo esto es, de alguna manera, mi culpa.

Una chica había entrado e inmediatamente se había puesto los auriculares, así que parecía querer decir "no quiero que me molesten", pero vi que estaba leyendo la parte italiana de las descripciones, así que decidí esperar. Por suerte se quitó los auriculares y, en ese momento, me catapulté sobre ella con mi historia sobre viajes en el tiempo. No parecía especialmente interesada, sólo me miró con cara de interrogación antes de que me marchara. Cuando me volví para ver si seguía allí, ya había desaparecido.

Domingo 2 de julio de 2023

Hoy es un hermoso día soleado y mis dos horas en la Villa Médicis han sido muy fructíferas. Tal vez debería aceptar que soy una persona meteoropática que sólo necesita un cielo gris para perder energía. Me estoy dando cuenta de que este trabajo, tan cambiante e irrepetible, desafía uno de mis peores defectos: la tendencia a absolutizar el presente, olvidando el pasado y marcando el futuro como ya definido. Así ocurre que, si un sábado —como ayer— sale mal, entonces me convenzo de que la actuación siempre ha salido mal y siempre saldrá mal. Evidentemente, afortunadamente, no es así.

Hoy he conseguido actuar siete veces y estoy bastante satisfecha porque también me he dado cuenta de algunas cosas. Por ejemplo, he probado las historias 1 y 2 con una chica soltera que había dejado a su pareja, y me fue muy bien. Se implicó mucho y después se detuvo a leer la ficha de la obra. Normalmente, este elemento me hace saber que he dado en el clavo.

Decidí intentar con una pareja de entre 50 y 60 años, que venía acompañada de una chica joven. Suelo divertirme mucho con ese grupo de edad porque realmente se toman al pie de la letra todo lo que les digo y, por lo tanto, quieren hablar conmigo fuera de guion. Así que el hombre comentó la inflación italiana de los años 70 y quiso saber de dónde venía realmente Liv Schulman. Luego, cuando mencioné el matrimonio como ficción, los dos se rieron a carcajadas y pensé que probablemente tenían otras experiencias románticas fallidas en su pasado, y que aquella niña quizá ni siquiera la habían tenido juntos. Seguramente era hija de la mujer; se parecía más a ella. Fue una bonita interacción porque al principio estaban desconcertadxs pero se dejaron llevar, conseguí ganarme su confianza. Me pregunto si hay algo más bonito que la confianza que unxs desconocidxs están dispuestos a darme.

Como había ido tan bien, pensé en repetir la experiencia con otra pareja, esta vez muy joven. Fue con ellxs con quienes tuve esta revelación: esa historia puede ser realmente cínica para dos jóvenes enamoradxs y de vacaciones. Ella no podía mirarme a la cara y, cuando le dije que el matrimonio es ficción, abrió mucho los ojos. Efectivamente: la inflación, la economía como ficción, el matrimonio como ficción... resulta un poco deprimente para dos chicxs que debían de tener poco más de veinte años. Seguro que les gusta más pensar que si la vida y los amores de lxs demás no funcionan, es por su culpa y su falta de voluntad. Espero que hayan recuperado el romanticismo con la visita al jardín. En cualquier caso, lección aprendida: lxs jóvenes aprecian menos el cinismo hacia el amor y el matrimonio, parece que anhelan un poco de esperanza.

Poco después, cuando vi pasar a otra pareja, les seguí y les conté la historia número 7. Fue muy bien y se fueron riendo. El país está a salvo: se evitó la pelea. Hice la misma historia para un visitante solitario; estuvo bien. De hecho, esa historia casi siempre sale bien, es uno de mis caballitos de batalla. Luego conté la historia número 9, la del Starbucks, y aquí también me di cuenta de algunas cosas. En primer lugar, aprendí que no es nada fácil y que tengo que ser precisa con el tiempo, porque si la estiro demasiado no funciona. Luego me di cuenta de que la gente se avergüenza cuando hago una historia larga sólo para ellos. ¿Quizá les incomoda estar tan cara a cara con una desconocida? Mis presas eran hombres. ¿Será por eso? ¿Hay más incomodidad porque quieren irse? ¿Porque no están acostumbrados a oír hablar a una mujer? ¿Porque sienten que yo dirijo el juego? Al menos fueron educados y me escucharon hasta el final. Espero que también les haya servido, como a mí, para practicar la incomodidad.

Sábado 15 de julio de 2023

Hoy ya había decidido que iría un poco más tarde a la Villa Médicis. Quería hacer este experimento para entender cosas. Quería ver, por ejemplo, si me iría mejor con las temperaturas, ya que cada vez es más difícil llegar a las 14:30 hrs. También quería ver si realmente cambiaba algo en cuanto a la audiencia. Tenía curiosidad por saber si algunx miembrx del personal de la Villa Médicis había notado mi ausencia durante esa primera media hora. Me sentí extraña, un poco inquieta ante la idea de no haber pedido permiso ni comunicado a ninguna persona acerca de este cambio en el programa que seguía desde hacía semanas. Luego, cuando llegué para tomar el metro y oí el anuncio por megafonía, tuve un breve momento de pánico: debido a la enfermedad de un pasajero, todo el servicio se había ralentizado. Media hora era un retraso aceptable, pero ¿más? ¿Y si se daban cuenta de que no estaba allí? ¿Y si pensaban que intentaba engañarles, ya que me habían pagado hacía unos días? ¿Y si yo y mi rendimiento les importábamos una mierda? Afortunadamente, el metro llegó unos minutos más tarde y pude llegar a la Villa a las 15:03 hrs.

Lo que encontré a mi llegada me devolvió definitivamente a la realidad: absolutamente nadie se había dado cuenta de la media hora que había llegado tarde; podría haberme quedado fácilmente en casa. Diré más: mi propia esencia como artista empezó a desvanecerse, a perder sus límites. En la recepción, una mujer respondió a mi torpe mezcla de saludo y justificación: "Ah, sí, usted es de Naba", pero no, no soy de Naba. "No soy de Naba", intenté decirle, pero quizá fui demasiado tímida porque en realidad no me escuchó. Entonces lo dejé pasar y me fui al armario a cambiarme. Ya llevaba media hora de retraso, paciencia para la mujer del mostrador que no entendía: le daba lo mismo que yo fuera de Naba o una performer; quizá ni siquiera supiera la diferencia entre una mediadora y una performer.

Cuando por fin entré en la exposición, la encontré especialmente deteriorada: en la primera sala, dos obras no funcionaban; en el mostrador, las tabletas y los *smartphones* estaban fuera de servicio; nadie había vuelto a colocar los folletos con los textos en la segunda sala. Luego, al salir de ella, me llamó la atención lo que vi: a lo largo del pasillo negro en el que se encontraba la obra de Yasmina Benabderrahmane, habían pegado con saliva en la pared decenas de las hostias, obleas de colores, que formaban parte de su obra. Era tan evidente que pensé que era deliberado: quizá durante la semana habían organizado un *happening*, una performance interactiva con la obra, y la artista era consciente de aquella intervención. No pensé en ello durante un rato, estaba empeñada en encontrar a alguien que escuchara la historia número 6, la del robot. Había decidido centrarme sólo en ésa, tanto porque hacía tiempo que no lo hacía como porque aún no entendía muy bien cuál era el público adecuado para ese monólogo y quería recoger más impresiones.

Así que encontré a una pareja de unos 40 años, muy simpática y bien dispuesta. Obviamente, no se dieron cuenta de que yo era artista. ¿Cómo lo sé? Porque cuando me escuchaban, estaban muy atentxs y serixs, como si estuvieran delante de unx guía durante una visita guiada. Quién sabe lo que pensaron cuando se dieron cuenta de que estaba hablando de un exnovio con cara de robot y no de mi experiencia en la Villa Médicis. Tuve la impresión de que me seguían hasta cierto punto, como si buscaran algo que entender. Luego, cuando la historia se volvió más surrealista, parecían más distantes y resignadxs a que no les explicara nada. A veces pienso que a la gente que me escucha le cuesta aceptar que lo que estoy contando es sólo un cuento, no un acertijo que hay que resolver, sólo un cuento sin ningún significado oculto en particular.

Después de ellxs, mientras buscaba nuevxs espectadorxs y estaba concentrada en estos pensamientos, el jefe de seguridad se me acercó y, con cara seria, me puso una hoja de papel de cocina en la mano. Yo, como me ocurre a menudo, no tuve la disposición de reaccionar y así, unos segundos después, a invitación suya, me encontré arrancando con mis propias manos las hostias de colores de Yasmina de la pared. Fue un momento alucinante. Algo estaba ocurriendo allí, la verdadera representación: cinco personas, entre mediadorxs, guardias e incluso la recepcionista, despegando afanosamente estos círculos de colores. Más de una persona, al pasar, nos preguntó si estábamos jugando o algo parecido.

La cuestión es que esta incursión en la obra de Yasmina no había sido intencionada. Más bien había sido el resultado de uno de los mecanismos humanos más previsibles y naturales: hace unos días, a alguien se le ocurrió contribuir a la obra lamiendo una oblea y pegándola en la pared, entonces —como nadie la quitó—, quien vino después pensó que estaba permitido. Así que, al cabo de unos días, el muro quedó transfigurado por las hostias de colores llenas de saliva de un montón de transeúntes. Algunxs habían escrito sus nombres, otrxs las iniciales de su pareja con un corazón, otrxs sólo habían hecho dibujos. Durante días nadie se había preocupado de nada, el sábado la obra de arte dentro de la obra de arte ocupaba cada vez más espacio, como una mala hierba. Obviamente, al haber reaccionado algo tarde, algunas de las hostias estaban ahora incrustadas en la pared y quitarlas del todo era imposible sin estropear también el yeso. Esto significaba que otrxs turistas, al ver esas marcas residuales, atacaban a otras hostias escupiendo aquí y allá. Antes de irme, vi a dos chicos franceses manteniendo una gran conversación sobre el significado que este gesto subversivo tenía para la artista, sobre lo mucho que esto representaba el concepto de "estratificación" del que habla Yasmina en la ficha de su obra, sobre lo poderoso que era sugerir al visitante que le imprimiera su ADN. Me reí mucho.

Me pasé un cuarto de hora, quizá veinte minutos, limpiando la pared. Yo era una guardia y vivía tratada como tal. No había podido decir que no ni aclarar mi posición en la exposición, así que tuve que hacerlo, tuve que desempeñar ese papel y ser una guardia trabajadora lo mejor que pude. Soy un parásito incluso entre lxs guardias, lo digo en serio.

Conseguí repetir la historia tres veces más. Una vez lo hice para una familia con padres ancianos y una hija mayor, ninguna reacción salvo la del padre, que exclamó al final: "¡Vaya, qué imaginación tienen estos artistas!". No entendí si era un cumplido o no. Luego encontré a un par de homosexuales tímidos que se miraban los zapatos mientras hablaba. La sorpresa llegó, sin embargo, cuando un hombre de seguridad, en el curso de una breve conversación sobre mi trabajo en la Villa, me preguntó si podía hacerle el reportaje. Fue un poco incómodo: había algo de ambiente coqueto; además, yo ya había revelado el truco de no ser Liv, pero lo hice. Su comentario me pareció el más empático y sensible de todo el día: "qué historia tan triste". Quizá aquel guardia simplemente lo estaba intentando, pero me había escuchado mejor que cualquier turista, mejor que cualquier amante del arte.

Domingo 16 de julio de 2023

A estas alturas, después de lo de ayer, he decidido que gestionaré los horarios de mis actuaciones de forma independiente. A partir de ahora tendrán lugar de las 15:00 a las 17:00 hrs. Creo que es muy útil para mí aprovechar esta oportunidad para aprender a dejar de pedir permiso para todo lo que hago. Después de tres semanas, todavía nadie ha entendido quién soy y qué hago allí: ¿por qué, en lugar de aprovechar la oportunidad de hacer lo que quiero y como quiero, busco siempre mil millones de problemas? Me pregunto si esta culpa que me atenaza a veces, incluso sólo por estar viva, por respirar, forma parte de mi transformación en parásita. ¿Los parásitos sienten culpa por ser parásitos? ¿Puede ser simbiosis? ¿Pero simbiosis con qué? ¿Con la exposición? ¿Con Liv? ¿Con la culpa? Siempre he sido así, incluso antes de empezar este trabajo. Siempre intento disimular, dar una imagen de persona que puede con todo, pero en realidad a menudo me siento desbordada. Creo que no sé quién soy y por eso a veces intento pasar desapercibida. Esta es también mi vida —sí—, como la representación.

Por supuesto, nadie ha arreglado las obras rotas o estropeadas. Todo sigue teniendo ese aire de abandono en la Villa Médicis. Me pone muy nerviosa ver el descuido hacia estos objetos. Sé que puede sonar extraño, pero siento una gran empatía hacia las obras de arte presentes. Llevo días preguntándome por qué me siento así y hoy creo haber encontrado la respuesta: simbiosis.

Siento la simbiosis con la exposición, con las obras, porque yo también soy una obra en la exposición. Me duele cuando la gente no respeta las obras o ni siquiera intenta entenderlas, relacionarse con ellas. Es lo mismo que hacen conmigo, salvo que una pared o una tableta no pueden hablar. Yo sí puedo. Me gustaría defender a las obras, ser su paladín, pero entonces ni siquiera puedo defenderme a mí misma. Me gustaría hablar en nombre de todas las obras: sólo queremos que nos aprecien; queremos que piensen en algo, en cualquier cosa; queremos que esas sinapsis se enciendan durante unos segundos; la incomunicación nos hace daño. ¿Cómo no entenderlo? Cuando nos noquean, ¿qué están desahogando? ¿La frustración del aburrimiento? Cuando nos cambian, ¿qué quieren de nosotras? ¿Es una forma de interactuar, de participar? No sé, quizá me estoy haciendo vieja y conservadora. Quizá sólo debería empezar a ir a museos con esas cuerdas rojas que protegen las obras.

Más allá de estos pensamientos, el público siempre es más bien escaso y deambula por la exposición con aire desconcertado. Quizá por todos estos pensamientos, por todas estas preguntas, hoy estaba un poco nerviosa. Todo y todxs me molestaban.

Dos chicas me llamaron la atención: se estaban haciendo fotos muy articuladas e ingeniosamente construidas delante de la obra de Laura Vázquez. Supongo que todo estaba hecho en beneficio de sus perfiles de Instagram. Imaginé el *post*, la foto guiñolesca pero poética, tomada de espaldas frente a esas palabras de las que no entendían una mierda, seguida del pie de foto: Yo #artlover. Quería lastimar a esas chicas, fastidiarlas. Quería confirmar todos mis prejuicios. Por eso decidí probar por primera vez la historia número 4, una que nunca entenderé. No me hace reír; me siento como una idiota. Las dos chicas se quedaron paralizadas durante la breve duración de la historia y luego estallaron en risitas histéricas al oír la palabra "pelotas". Lo sabía. Lo sabía. Además, ahí es exactamente a donde quería llegar: a ese aire de júbilo de ellas ante una palabrota de uso común. Pequeños gansos con muy poca honestidad intelectual. ¡¿De qué coño se ríen?!

Luego vi a un trío de francesxs empeñadxs en quitar una inexistente película adhesiva de las obleas de Yasmina, para poder hacer su infaltable contribución al mural de escupitajos. Me reí amargamente y estuve tentada a hacer con ellxs lo mismo que había hecho con las chicas. Luego pensé que no me entenderían por el idioma y que hoy estoy demasiado amargada para reaccionar con despreocupación ante su rechazo. Me siento demasiado explosiva. Tal vez, por ello, decidí refugiarme en mi zona de confort repitiendo la historia número 7. Lo hice para una mujer solitaria. La sentí triste; quise ver cómo se le abría la cara de risa, pero sólo lo conseguí parcialmente. Ella esbozó una tímida sonrisa que no consiguió borrar esa sombra de tristeza, y yo me sentí un poco frustrada.

Sin embargo, el azar me regaló el domingo de mi vida en la Villa Médicis. Una pareja de ancianxs me preguntó por la exposición y empecé a hablarles como Liv. También les hice la historia del nombre de Liv. Estxs dulces abuelxs quisieron tranquilizar a Liv diciéndole que Lee Schulman es más famoso que ella, POR AHORA. Y luego se rieron cuando les dije que me gustaría matarlo: "¡Duh! No merece la pena". Fueron tan dulces que intenté explicarles algo sobre la experiencia de la beca en la Villa. Debí de decir alguna chorrada, pero quería que se fueran con la idea de que allí alguien se preocupaba por ellxs. Cuando me preguntaron en qué había trabajado, lxs llevé a la ficha de la actuación. La anciana la leyó en voz alta, luego me miró y dijo: "Dios mío, no habrá uno vestido de fantasma, ¿verdad?". Ella seguía sin entenderlo; su marido, sí: "¡Ella es la presencia!". Realmente sonrieron y estaban tan lindxs que quise abrazarlxs. Dijeron que era una idea preciosa, la más bonita, y que estaban felicitando a Liv Schulman. Luego se disculparon por no poder quedarse más tiempo y se marcharon.

Hoy por un momento, yo —una obra de la exposición—, me he dejado llevar por una ola de ternura. Ojalá ocurriera más a menudo.

Domingo 30 de julio de 2023

Creo que debo calificar el día de hoy como positivo, no por la cantidad de historias que he contado, sino porque he roto algunos automatismos. Eso siempre me parece positivo.

La primera hora fue un poco aburrida; me limité a pasar el rato. Observé cucarachas muertas aquí y allá en el suelo. Observé cómo correteaban las perlas en la entrada de la Villa Médicis.

El pitido de la máquina validadora de billetes siempre me engaña: cada vez que lo escucho tengo una ligera sacudida interior; pienso que tengo que estar preparada, que alguien va a entrar; por fin podría ser alguien adecuadx para mí. En cambio, muy a menudo, ese sonido no va acompañado de un ser humano que entra a la exposición. Sólo hay un taquillero y está delante de esa puerta, así que ese pitido significa "sí, voy a ver la Villa Médicis", pero no necesariamente la exposición, la mayoría la ignora. Y yo, mientras tanto, me he convertido en un perro de Pavlov. He tenido tiempo de sobra para vincularme a ese sonido y desarrollar un reflejo condicionado. Los perros de Pavlov babeaban después de la campana porque sabían que iban a comer. Me estremezco, mi pulso se eleva ligeramente, siento que mis músculos se tensan: toda mi persona se prepara. Y entonces nada. Nada, no entran. Esperan afuera la visita guiada. Y nadie piensa en mí. Yo, el perro de Pavlov, al que dejaron sin comida después de interminables campanadas, me quedo ahí babeando y ni siquiera me enfado. ¿Quién sabe qué hacían esos perros experimentales? ¿Mordían? ¿Qué podía hacer yo para desahogarme, a quién podía morder?

Afortunadamente, de vez en cuando viene alguien y se crean las condiciones para que yo haga mi trabajo; entonces recuerdo por qué acepto este tipo de cosas, porque sigo disfrutando a pesar de todo.

Las tres chicas que conocí estaban interesadas en la exposición; eranvisitantes entregadas. Decidí intentar romper la maldición de la historia número 5 —¡ya sólo queda un fin de semana!— y lo conseguí. Conté bien la historia, de principio a fin, sin distraerme nunca, sin querer salir corriendo, todo con el *timing* adecuado. Las niñas me miraban y, de vez en cuando, tenían pequeñas reacciones. Es una historia un poco triste, y parecían dispuestas a poner algo de su empatía en ella. Para ser sincera, esa historia siempre me ha hecho reír un poco, pero ¿por qué no puedo compartirlo con lxs oyentes? ¿Tal vez sea yo quien cuenta una historia triste? ¿O es que transmito tristeza? ¿Soy una persona triste? A veces pienso que sí; creo que acabo mostrando toda esa pesadez que llevo conmigo.

Las niñas se ablandaron al final de la historia; comentaron con un poco de voz: "Awww", como lo que hace uno frente a un perrito mimoso. Si me hubieran dado mimos los habría aceptado, siempre lo acepto todo. Me alegré de haber desbloqueado este trauma, pero no dejaba de preguntarme si había sido la reacción correcta, o al

menos si ese “Awww” indicaba aprobación [...].
Termino este día con sólo dos historias contadas, pero otros tantos obstáculos superados. Estoy satisfecha.

Parasite/ Symbiosis/ La MiaVita

This performance was created for an actress to play me in a museum show at the Villa Medici in Rome. She is dressed as a security guard and stays for four hours, twice a week, on weekends. When visitors arrive, she approaches them, introduces herself as Liv Schulman, and tells them anecdotes from my life as if they were her own. What follows are the anecdotes and an excerpt from the diary —kept by Bianca Friscelli, the actress who portrayed me—during the period in which she performed the piece, from Saturday, July 1, to Sunday, August 16, 2023. The diary narrates the development of an acting method based on imitation, parasitism, and symbiosis.

Preparation

Repertoire of possible moods/approaches to the people in the exhibition:

- *Nervous, gazing around slightly crazy*
- *More theatrical mood, breathing in and out, posing, taking time to address the gaze*
- *Intimate approach, vaguely bully*
- *Mix of irony and shyness*
- *Contradiction between straightforwardness and insecurity, a sense of invisibility/*passepartout *and being openly opinionated, something that could look invisible and that, at the end, is insidious*

Performer

0. My name is Liv Schulman, and I am an artist. My name is Liv Schulman, and I am a former resident of this academy.

1. I got married to an economist. He taught me everything I know about the economy, and I do know a lot about the economy. The other part of everything I know about the economy comes from the fact that I grew up with inflation. I will talk about my ex-husband another time. But inflation was my lover for many years. How do I know it was a lover?

[allow time for breathing]

It came to my room at night, while the family was sleeping, and entered through my pores, waiting inside me like bread waits to leaven. One day, it leavened and swallowed everything all at once.

2. What do I know about the economy? The economy is a fiction and an invention, and I know that because I was married to an economist. What else is fiction? Marriage. If marriage is fiction and the economy is fiction, but both are part of reality, I can say that reality is only compoooooooooooosed

[stress that word until it becomes very long]

of parts of fiction held together. Money and prestige depend on a group of believers. So does success.

3. If you want to understand what alterity is, you must look at your own dreams. Yesterday I had a dream about a rat who told me that nobody ever dreams about her. It was a contradiction, but in the dream, it made sense.
Dreams can be axiomatic if they want, they define a reality that isn't transcendental.

4. A joke? Two men eat a clown. Then, the same two men eat a horse. After eating the horse, they eat falafel. At the falafel stage, they go to the bathroom of a bar, they lock themselves inside the stall, and ask:
Is this funny to you?
Why the long face?
Did you like my balls?

5. I was raised Jewish and atheist at the same time. I thought that was something Jews could do, to be a Jew and to not believe in God. But to the eyes of actual Orthodox Jews, this is not something Jews can do—to them, I am not Jewish. So, at this time, I understand that to make something real, it must be validated by those who are against it. The banking system, for example, must exist in the eyes of anarchists. My non religious system had to exist in the eyes of a religious system. But it wasn't like that, so I found myself to be un-Jewish. I didn't know how to live my un-Jewish life.
Could I do the same jokes as before?
Could I laugh at the same cultural references?
Probably not.

I was not even a Zionist. I was against the Israeli occupation. So, I lost the meaning of having a non religion and having something original from which I could define my personality. Whenever I saw a synagogue, I didn't feel like going in, and out on the street I started to feel ordinary, insignificant—just any lady.
What could I do to be something else?
I thought I'd try to be gay, but I only made it to bisexual.

I was almost 40 years old, and far too young to stop living, and also, I still had many years ahead of me as an adult: How was I supposed to fill them? The idea of progress had dissolved into a dark haze, so I no longer knew what to do.
How do I move on to the next level?
What was the next level, anyway?
Having a child?
Starting a philanthropic association?
Doing charity work?
Becoming famous?

Famous I certainly wasn't going to be—at least not in any real sense—so it didn't matter. I didn't know where to turn or what to do that might help me become better. I told myself I would try new things, things I had never done before, because maybe, inside one of those new things, lies a piece of passion. And I needed that.

I went to a bakery and tried a *croissant aux amandes* because I live in France. I was never into sweets, so I hated it. It was greasy and disgusting. I gave up on that and ate fried chicken instead. I bought myself a bucket of chicken—nothing new, but at least it gave me pleasure. I ate it while walking, trying to remember what life looked like when I was Jewish. I felt so bored now that I could only come up with new ideas about boredom. The only things that came to mind were the kinds of things people do when their lives are so boring that they need to do something extreme—like bungee jumping or getting drunk six days in a row.
Could fun be on the inside?
What was the meaning of life?
What was family love meant to be at this point and how was I conditioned by it?

I didn't know the answer to any of those questions, and I still don't. My parents loved me, but not enough, and that made me desperate for attention. Anyway, I was almost 40, and parents are no longer an excuse at that age. I ate an entire bag of Doritos, cut my nails, ran a kilometer down the street, licked somebody's eyeball, and waited at a table at a local bar. I bought myself some shoes and waited, hoping something would happen, something that would shift the horizon, but nothing did.

6. Last year I got dumped by a boyfriend. I didn't get dumped for somebody else. I got dumped because of being myself. I wasn't suitable for his personality. His personality remained a mystery to me. I never understood what it was all about. He seemed very ambitious, almost opportunistic or greedy, but at the same time, critical of the art world.
Was money the only thing that mattered to him?
Or was it about making a difference?
Maybe he was a revolutionary, and I just hadn't seen him through the right lens. I thought a lot about who he was but never figured it out, and I never saw him again.

One day, while walking through a small park, I saw someone who looked very much like him. I screamed his name. His face was covered with something that looked like wax, and he didn't move. He was completely still. I looked at him.

and he looked at me without moving his face. Was he a robot? I hadn't seen him in such a long time. I hadn't known who he was for so long that I wasn't sure I was saying his name properly.
Rach?
Larchie?
Clerchi?
What the fuck was his name?
He didn't move and neither did I. I said, "I'm sorry." I actually whispered. Then I whispered again: "I am sorry." Suddenly he turned his head, put a hand to his chest, pulled away a little scrap of cloth, and opened a tiny metal door where his left tit was. Inside, there was a glowing key. I grabbed it and walked away, staring at it.
What could I open with this?
I started trying the key in every lock I saw, but the key was made of rubber and bent each time.
Was it a metaphor?
For what?
It looked hard but it was soft—just enough to bend every time I tried to open something. I went home with the key in my hand and put it on the bedside table. In the middle of the night, I woke up and flushed the key down the toilet.

7. My name comes from the fact that my parents admired an actress called Liv Ullmann and that my last name was going to be Schulman. It was meant as a kind of joke they were trying to make. Fortunately, this actress isn't so well known anymore, or at least people under 30 don't really know her. That's a relief to me, because it makes me feel like I can be myself again, shine with my own light. But recently I discovered a photographer and filmmaker named Lee Shulman, who is way more famous than me and, besides, lives in Paris. It makes it sound as if my name were a joke on *his*. I thought of killing him.

8. I have always wanted to become an actress, but unfortunately my acting is too realistic, so people never know whether I'm performing or actually talking to them. Also, I use a kind of irony that does not serve the purpose of sincerity in the way I address the audience, and by "audience," I mean people. Just ordinary people on the streets, but I see them as an audience. This doesn't help with friendship either, since it makes relationships feel forced.

I wanted to be on stage, but I didn't get into the conservatory, so I started experimenting with a kind of immersive theater that unfolds in the everyday context, which I decided to call: LIFE.

9. When I was a student, I worked as a barista at a Starbucks. I wasn't very good at it. All the other baristas were very committed to their work, and they made a terrific coffee. They used to dance while working—it was a highly motivated group. They moved their asses to the rhythm of the coffee machines, and shook their bodies against the cardboard boxes, and ran their fingers along the edges of the cardboard. Every time someone did something special—like topping a mochaccino with whipped cream or calling out the name of a very special customer—the rest of the team would cheer them on by releasing little jets of steam, which gave us all a discotheque vibe.

I wasn't doing a very good job, not because I didn't want to be good at it, but because I was distracted. I have this problem: If I'm not going to be the best at something—and I definitely wasn't going to be the best barista—then I don't even want to try and end up being mediocre. I'm competitive by nature, which is something I'm not proud of. I'm very clumsy, and my own clumsiness distracts me from being focused. At that time, my motor skills had a lot to say, but in a disorganized way, which made me feel as if I couldn't understand them or their message; they had turned into an abstract character for me.

One day, we were asked to organize a dance contest, and for that, the coffee shop was transformed into a dance floor. It worked so well that they kept it: from that moment on, every night after sunset, the Starbucks turned into a nightclub. It was a coffee shop by day and a dance floor by night. In that sense, everything regained meaning—not because of the contest, but because of the power of music and dance, which is the expression of motivation itself.

The baristas were poorly paid, like all baristas are, but they had their dance space at night, and that space expressed the class struggle and the energy of night and day, which are so different. At night, everyone was themselves, without the uniform. They did that for a whole year, until one day the rules changed and the Starbucks was forced to close at dusk. It was claimed to be a safety issue. That's because the neighborhood became strictly office space. So the dance floor was gone, and the baristas went back home to watch TV, not knowing what to do with their bodies.

It was a very sad year for everyone, especially for me. I hadn't been accepted in the dancing contest because of my motor skills, and the group was depressed, and I didn't even have memories of good times dancing to look back on. But sometimes memories aren't everything; sometimes we need to live in the present, let go of the past, and understand that if something didn't work out, it's just because it wasn't meant for us.

So, I wasn't going to be an outstanding barista because it wasn't meant for me. Maybe I could try a career as an actress. But what about the class struggle? The dance floor was there to express the class struggle, and then it was shut down. Does that mean the class struggle wasn't for us?
That if something gets closed down due to destiny or financial speculation, we don't have a word to say about it because it simply wasn't meant for us?
What about compensation or even justice?

None of that happened, and we all went back home to sit our asses in front of the TV. That year, they reran old episodes of *Zorro* every night, because even the television had run out of ideas and money—which in this case... is the same thing.

10. I've been talking about this phenomenon for a long time, ever since the last time we saw each other. When I was growing up in the liberal economies of the 1990s, a ghost made love to me. It would come into my room at night while my parents were asleep. It entered through the pockets of the coats hanging behind the door and slipped into the bed, making love to me in a very personal or abstract way. All this happened during the 1990s.

I was addicted to that ghost. It had no gender, it was neither male nor female, just a ghost. To call it, I had to invoke the confines of the universe, ignite a vibration that traveled at the speed of sound—slower than light, yet defying the principles of locality and realism—and stimulate two identical-but-separated particles at the same time.
That ghost was called convertibility.
And what was convertibility?
It was a monetary system that governed the relationship between my country and the US currency, establishing parity between the dollar and the convertible peso. Since the ghost of convertibility came from one of the furthest points in the universe, we accepted it as a possibility of desire and income in my family. Convertibility was a promise of credit: It could be in kind or it could be in theory. For us, it was interchangeable material, because we knew we would never have money. Our business was imagination. But, in theory, the one was one. That meant that if a bottle of Coke cost one peso, I could pay for it with a one-dollar bill. That form of abstraction marked my life:
One would be the other forever.
We had the dollars.

This happened in the 1990s, but in many ways, we were ahead of our time. Because...
Was money our problem?
No, our problem was fantasy. We had too much of it. Our lives revolved around creating a series of imaginary equivalences that started changing all the time, unable to face reality until the crisis arrived. When it finally came, one dollar was now 17 pesos.
We were poor!
And then, the next morning, one peso was 23 dollars
We could be even poorer!
The dollars changed every day, and so did the pesos, which became more and more numerous, while the dollars grew scarcer and scarcer.
We had no more dollars.

When we looked around, everything in the country was either imported or a bad, homemade copy of whatever existed in the world—and it was imported. All our clothes were informal copies of Dolce & Gabbana, Gucci, Hermès, Prada, Benetton, Louis Vuitton. Prices changed all the time. Price stickers began piling up in the stores, making the walls seem thicker. Every day, every hour, every second they were different. The price stickers accumulated on the walls. The walls started to look padded. Just like the little padded cells in a madhouse.

II. The first job I ever had was as an English teacher for a Paraguayan kid. The family paid me with empanadas instead of cash. This happened because, at that time, the country was in crisis and no one knew the value of money since it kept changing. It actually had no value. So, swapping and bartering became the primary economy of the place. It wasn't so bad, there were no regulations. An English lesson could be worth 200 empanadas, a dog's lick, or an old Rolex that someone had forgotten in a drawer...

At that time, I learned everything I needed to know about the art market by simply making this analogy: In a crisis, money had no value; therefore, it would be worth whatever you wanted it to be. Art had no value either: It was something born out of crisis, situated in the realm of experience, not of monetary worth. And experience cannot be indexed, because experiences are untranslatable and depend entirely on the person who has them. The same went for art: It didn't need to have value; its worth would depend on an attachment or affection.

This is a very boring story, I know. But it's important, because otherwise I wouldn't have become an artist.

12. Did you know I once traveled through time?
I normally live in France, but that day I was in Buenos Aires, and it was summer. I was sleeping at some friends' place. In the summer, the sun is up all the time, smiling with a dull air. I had to be at a bar at 10:00 a.m. I had an appointment—actually, it was a date. I was hoping to get some sex out of it, but the promise of sex was very remote, and even though I'm idealistic, I already knew it was complicated. Too complicated, messy, and far away.

I woke up at my friends' place and saw the sun. They were still asleep. I put on some clothes—not my usual ones, since mine were in another room where my friends were sleeping—but a dress I found on the floor. It belonged to my friend's girlfriend. It suited me. My friends annoyed me: they were too lazy to get up at nine in the morning, and I thought that, in this country where I grew up, no one wants to work.

It was a complicated day, politically speaking, because there was a G20 meeting. The minister of security had warned the Argentineans to leave the capital—it was going to a be tense day. I stepped out onto the street and saw that it was empty. No one, not a soul in sight. I felt strangely uplifted, almost cheerful, but I thought that people were ass-lickers and that everyone had either left the capital or was hiding in their homes because of the potential unrest surrounding the G20. There wasn't even a doorman around, sweeping the sidewalk or using buckets of water to clean it. Not a soul.

I walked down the street and suddenly realized that I was running. I was so cheerful now; true joy was rising from my gut up to my throat. I opened my mouth and shouted:
"The street is empty! Empty!
"Doesn't anyone want to work here?!
"In THIS country, absolutely nobody wants to work?!"
I was outraged and, at the same time, ecstatic, as if this were the real riot. At 9:30 in the morning on a Monday, the streets were completely empty, barely touched by the sun.

I ran down the street, caught a bus, and arrived at the bar. The bar was open but empty; my date wasn't there. I waited for an hour, and he never showed up. I thought he was a coward, he probably had chickened out at the prospect of sex.

But that was fine—I'm not for cowards. I wanted to get my old clothes back, so I went back to my friends' house, which was in a remote neighborhood. I rang the doorbell three times, but nobody answered.

The streets were still empty.
No one was around.
So I was left outside, and my real clothes were inside, while I wore a stupid pink dress that, in fact, was too small for me. I could see that now. My friends were probably gone, or refusing to work, like everybody else in the country. I went back to another friend's house, Ariela's, for which I had the key. It was also far away, but I didn't mind the distance, since I could almost fly.
The streets were still so empty, and I was sooo light.

I could run, float, slide on imaginary rollerblades... I was superfast.
I arrived at Ariela's in a burst of passion, shouting as loud as I could
HEY YOUUU! from Pink Floyd.
I opened the door yelling:
Hey you, out there in the cold, getting lonely, getting old. Can you feel me?
At the *can you feel me* part, I dropped to my knees on the floor, pretending to play an electric guitar. I shouted as loudly as I could. Ariela opened the door, half asleep, and asked me if I could shut up and let her sleep. I thought she was being very rude and incredibly lazy. It was probably already noon.
What the fuck was she doing, sleeping until noon on a Monday?
Why didn't she join in my singing, for instance?
Was this due to the G20 situation?
Didn't anyone want to go to work?
Was work still an option in this world?

I called my father to complain about it. My dad is a grumpy old man and loves to spout conservative and neoliberal things like: "Ah! In this country, nobody wants to work; if at least we were in Europe, blah, blah, blah." But my father picked up the phone and said: "Liv, what the fuck? Did something happen?"
I thought he was crazy—nothing had happened, what was he talking about?
I wanted to invite him to share my rage against the lazy Argentineans who don't want to work on a Monday afternoon.

I sat in the chair, disoriented, and suddenly looked at the wall clock. It was 6:30 in the morning. It couldn't be. And then it hit me. I looked at my wristwatch—it said 12:30 in the afternoon. I had been living all this time on French time, believing the world was five hours later. I hadn't realized. I was in the New

World, where all words were younger, the clocks were younger... I was younger!
The bar had been open all night, and I had left the house too early, not realizing it wasn't even daytime yet. My friends had just fallen asleep, and I was ringing their doorbell at four in the morning.
How had that happened to me?
Was I so stubborn that I preferred to convince myself the whole world had changed rather than admit I was wrong?

This was the only time I ever traveled through time.

Fragments of a Performer's Diary

Bianca Friscelli

Saturday, July 1, 2023

I knew from the moment I left home that today would not be an easy day at Villa Medici. I checked the weather forecast many times, hoping they would change their prediction, but they were right: it rained, and very heavily. This is always a problem in Rome because almost everything stops working, and getting anywhere can take hours, or even become impossible. What's more, during the whole subway ride, I wondered who would prefer to attend a contemporary art exhibition rather than rush back to their hotel. The answer? Very few people. Now, I know that this isn't necessarily a problem. Quantity and quality don't go hand in hand, right? Unfortunately, however, today was one of those days when visitors are few and far between.

I only managed to complete one of the stories, number 12. For the rest, I had three rejections, although I don't think it's correct to call them that. In fact, they didn't reject me, they just smiled politely and walked away, completely unaware of what I was saying and doing. I don't like to call them rejections; I think it's more accurate to call them failed approaches or expressive *coitus interruptus*: I arrive full of expectations and excitement, and just when I'm about to start telling my story, they smile at me and walk away because the only thing they understand is my museum guard uniform. This kind of dynamic always makes me feel a certain level of embarrassment because... what should I do? Chase after them and force them to listen to me, even if they don't understand? Try to do something I don't know how to do, like improvise stories in English? Let them go? Well, in the end, that's what I do most often. I know it's probably not right professionally, but when they leave me standing there like an idiot, I can't do much else. Obviously, I end up feeling a bit traumatized and become more shy with subsequent spectators. It comes naturally to me to take more time and study my potential prey carefully, looking for someone who is finally right for me [...].

I feel a little guilty about how the performance days are going and I often wonder what I could and should do to improve them. Sometimes I think I was naive in accepting this job, thinking it would be easy. But then I also think that I am simply performing and that it is not my job to save this experience, to make it work, also because I would not know how to do so without investing things such as time and personal resources that would not be remunerated. So the exercise becomes one of staying, always staying, even when it's uncomfortable, and carrying on calmly even among uninterested tourists who take selfies or come in just to shelter from the heat or rain, without feeling that any of this is somehow my fault.

The girl had come in and immediately put on her earphones, as if to say, "I don't want to be disturbed," but I saw that she was reading the Italian part of the descriptions, so I decided to wait. Fortunately, she took off her earphones, and at that moment, I pounced on her with my story about time travel. She didn't seem particularly interested and looked at me quizzically before I left. When I turned around to see if she was still there, she had already disappeared.

Sunday, July 2, 2023

Today is a beautiful sunny day, and my two hours at Villa Medici were very fruitful. Maybe I should just accept that I am a weather-sensitive person who loses energy when the sky is gray. I am realizing that this job, so changeable and unrepeatable, puts a strain on one of my worst flaws: the tendency to absolutize the present, forgetting the past and marking the future as already defined. In this way, if a Saturday—like yesterday—goes badly, then I convince myself that the performance has always gone badly and will always go badly. Fortunately, of course, this is not the case.

I managed to perform seven times today, and I'm quite satisfied because I also understood some things. For example, today I tried stories 1 and 2 with a single woman who had left her partner, and it went very well. She was really engaged and stopped for a long time to read the caption of the work afterwards. Usually, this element makes me realize that I've hit the mark.

Then I decided to try it on a couple: they were between 50 and 60 years old, and they were accompanied by a young woman. I usually have a lot of fun with that age group because they really take everything I tell them at face value and therefore want to talk to me off-script. So the man commented on Italian inflation in the 1970s and wanted to know where Liv Schulman really came from. Then, when I talked about marriage as a fiction, they both laughed loudly, and I thought that they probably had other failed romantic experiences in their past and that maybe they didn't even have that girl together. She was definitely the woman's daughter; she looked more like her. It was a nice interaction because they were perplexed at first, but they let themselves go, and I managed to gain their trust. I wonder if there is anything more beautiful than the trust that strangers are willing to give me.

Since it had gone so well, I decided to repeat the experience with another couple, this time a very young one. It was with them that I had this revelation: that specific story can be really cynical for two young people in love and on vacation. She really couldn't look me in the face, and when I said that marriage is a fiction, her eyes widened. Well, actually: inflation, economics as fiction, marriage as fiction... a bit depressing for two kids who must have been in their early twenties. Surely they prefer to think that if other people's lives and loves don't work out, it's their fault and their lack of willpower... I hope they regained their romanticism with their visit to the garden. In any case, lesson learned: young people appreciate cynicism about love and marriage less; they seem to want a little hope.

Shortly afterwards, when I saw another couple on vacation passing by, I followed them and told them story number 7. It went very well, and they left laughing. The homeland is saved, the argument avoided. I told the same story to a lone visitor, and it went well. In fact, that story almost always goes down well; it's one of my favorites. I then told story number 9, the one about Starbucks, and here too I understood a few things. First of all, I learned that it's not easy at all and that I have to be precise with the timing because if I drag it out too long, it doesn't work. Then I noticed that people get embarrassed when I tell a long story just for them. Maybe it makes them uncomfortable to be face-to-face with a stranger? My prey were male. Could that be the reason? Are they more embarrassed because they want to leave? Because they are not used to listening to a woman speak? Because they feel that I am leading the game? But at least they were polite and let me finish. I hope it was useful for them, as it was for me, to practice discomfort.

Saturday, July 15, 2023

Today, I had already decided that I would go to Villa Medici a little later. I wanted to do this experiment to understand a few things. I wanted to understand, for example, if I would feel better with the temperatures, since it's becoming increasingly difficult to get there and be ready by 2:30 p.m. I also wanted to see if anything really changed in terms of the audience. Then, I was curious to find out if anyone on the Villa Medici staff had noticed my absence during that half hour. I felt strange, a little anxious about the idea of not having asked permission or told anyone about this change to the schedule I had been following for weeks. Then, when I got to the subway and heard the announcement over the loudspeaker, I had a brief moment of panic: due to a passenger feeling ill, the entire service had been slowed down. Half an hour was an acceptable delay, but what if it was longer? What if they noticed I wasn't there? What if they thought I was trying to cheat them, since I had been paid a few days ago?

What if they didn't give a damn about me and my performance? Fortunately, the subway arrived after a few minutes, and I still managed to be at Villa at 3:03 p.m.

What I found when I arrived brought me back to reality: absolutely no one had noticed the half hour I had taken; I could have easily stayed at home. I'll say more: my very essence as a performer began to fade, to lose its boundaries. At the reception desk, there was a woman who responded to my awkward mixture of greeting and apology: "Ah, yes, you're one of the Naba people." But no, I'm not from Naba. "I'm not from Naba," I tried to tell her, but I was too shy, perhaps, because she didn't really listen. Then I gave up and went into the changing room to get changed. I was already half an hour late, but never mind the woman at the desk who didn't understand; it made no difference to her whether I was from Naba or a performer; she probably doesn't even know the difference between a mediator and a performer.

When I finally entered the exhibition, I found it particularly impaired: in the first room, two works weren't functioning; at the desk, the tablet and smartphone were out of service; no one had put the brochures with the texts back in the second room. Then, as I walked through the door of the second room, I was struck by what I saw: along the black hallway where Yasmina Benabderrahmane's work was displayed, dozens of colorful hosts, colored wafers that were part of her work, had been stuck to the wall with saliva. It was so obvious that I thought it was intentional: perhaps during the week they had organized a happening, an interactive performance with the artist's knowledge. I didn't think about it for a while, as I was busy looking for someone to listen to story number 6, the one about the robot. I had decided to focus only on that, both because I hadn't done it for quite some time and because I still didn't really understand who the right audience was for that monologue, and I wanted to gather more impressions.

So I found a couple, in their 40s, very nice and willing. Obviously, they didn't realize I was a performer. How do I know? Because when they started listening to me, they were very attentive and serious, as if they were in front of a guide during a tour. Who knows what they thought when they realized I was talking about an ex-boyfriend with a robot face and not about my experience at Villa Medici. I had the impression that they were following me to a certain extent, as if they were trying to understand something. Then, when the story became more surreal, they seemed more distant and resigned to the fact that I wasn't explaining anything. Sometimes I think that the people who listen to me find it hard to accept that what I'm saying is just a story, not a puzzle, not a riddle to be solved, just a story with no hidden meaning.

After them, while I was looking for new spectators and was focused on these thoughts, the head of security approached me and, with a serious face, handed me a sheet of paper towel. As often happens to me, I didn't have the quickness to react, and so, a few seconds later, at his invitation, I found myself removing Yasmina's colorful hosts from the wall with my bare hands. It was a surreal moment. Something was happening there, the true performance: five people, including mediators, guards, and even the receptionist, busily removing these colored circles. More than a few people passing by asked us if we were playing a game or something similar.

The point is that this incursion into Yasmina's work was not intentional. It was rather the result of one of the most predictable and natural human mechanisms: a few days ago, someone had the idea of contributing to the work by licking a wafer and sticking it to the wall, then—since no one removed it—those who came after thought it was allowed. So after a few days, the wall was truly transfigured by colorful communion wafers filled with the saliva of a lot of passersby. Some had written their names, others their partners' initials with a heart, while others had simply drawn pictures. For days, no one had bothered about it, but by Saturday, the artwork within the artwork was taking up more and more space, like a weed. Obviously, having moved rather late, some of the wafers were now embedded in the wall, and it was impossible to remove them completely without damaging the plaster. This means that other tourists, seeing those residual marks, will attach other wafers, spitting here and there. Before leaving, I saw two French guys having a big chat about the meaning of this subversive gesture for the artist, about how it represented the concept of 'stratification' that Yasmina talks about in the caption of her work, about how powerful it was to suggest to visitors that they imprint their DNA on the work. I laughed a lot.

I spent about fifteen, maybe twenty minutes cleaning the wall. I was a guard and was treated as such. I hadn't been able to say no, nor to clarify my position within the exhibition, so now I had to do it, I had to play that role and be a diligent guard to the best of my ability. I am a parasite even among the guards. I mean it.

I managed to repeat the story three more times. Once, I did it for a family with elderly parents and a grown daughter, no reaction except for the father, who finally exclaimed, "What imagination these artists have!" I didn't understand if it was a compliment or not. Then I found a shy gay couple who mostly looked at their shoes while I was talking. The surprise came, however, when a man, one of the security guards, during a brief conversation about my work at Villa, asked me if I could tell the story for him. It was a little awkward; there was something like a flirtatious atmosphere, and, what's more, I had already revealed the trick of not being Liv, but I did it. His comment seemed to me to be the most empathetic and sensitive of the whole day: "What a sad story." Maybe that guard was just trying to chat me up, but he had listened to me better than any tourist, better than any art lover.

Sunday, July 16, 2023

After yesterday, I have decided that I will manage the times of my performances independently. From now on, they will take place from 3:00 p.m. to 5:00 p.m. I think it's very useful for me, as a person, to take this opportunity to learn to stop asking permission for everything I do. After three weeks, no one in there has yet understood who I am and what I do there: why, instead of taking advantage of it to do what I want and how I want, do I always make a billion problems for myself? I wonder if this guilt that sometimes overwhelms me, even just for being alive, for breathing, is part of my transformation into a parasite. Do parasites feel guilty for being parasites? Could this be symbiosis? But symbiosis with what? With the exhibition? With Liv? With guilt? I have always been this way, even before starting this job. I always try to hide it, to project an image of someone who can handle everything, but in reality, I often feel overwhelmed. I don't know who I am, I think, and that's why I sometimes just try to blend in. This is my life too—yes—like the performance.

Obviously, no one has repaired the broken or damaged works. Everything continues to have this air of abandonment at Villa Medici. It makes me very nervous to see the carelessness towards these objects. I know it may seem strange, but I feel great empathy towards the works of art here. For days, I have been wondering why I feel this way, and today I think I have found the answer: symbiosis.

I feel a symbiosis with the exhibition, with the works, because I too am a work on display. It hurts me when people disrespect the works or don't even try to understand them, to connect with them. It's the same thing they do to me, except that a wall or a tablet can't talk. I can. I would like to defend the works, to be their champion, but then I can't even defend myself. I would like to speak on behalf of all the works: we just want to be appreciated, we want to make you think about something, anything; we want those synapses to be activated for a few seconds; incommunicability hurts us. How can you not understand that? When you knock us out, what are you venting? The frustration of boredom? When you modify us, what do you want from us? Is it a way of interacting, of participating? I don't know, maybe I'm just getting old and conservative. Maybe I should start only going to museums with those red ropes protecting the works.

Beyond these reflections, the audience is always rather sparse and wanders around the exhibition looking lost. Perhaps because of all these thoughts, all these questions, I was a little nervous today. Everything and everyone annoyed me.

Two girls struck me: they were taking very elaborate and cleverly constructed photos in front of Laura Vazquez's work. I imagine it was all for the benefit of their Instagram profiles. I imagined the post, the alluring but poetic photo, taken from behind in front of those words they didn't understand a damn thing about, followed by the caption: Me #artlover. I wanted to hurt those girls, to spite them. I wanted confirmation of all my prejudices. That's why I decided to try story number 4 for the first time, one of those I'll never understand. It doesn't make me laugh; I feel like an idiot. The two girls froze for the brief duration of the story, then burst into hysterical giggles at the word "balls." I knew it. I knew it! After all, that's what I wanted to get at, their cheerful attitude in the face of a commonly used swear word. Little geese with very little intellectual honesty... what the fuck are you laughing at?!

Then I saw a trio of French boys determined to remove a non-existent adhesive film from Yasmina's hosts, so they could make their inevitable contribution to the mural of spit. I laughed bitterly and was tempted to do the same thing to them that I had done to the girls. Then I thought that they wouldn't understand me because of the language, and that today I am too bitter to react nonchalantly to their rejection. I feel too explosive. Perhaps that's why I decided to take refuge in my comfort zone by repeating story number 7. I did it for a lonely woman. She seemed sad to me; I wanted to see her face break into a smile, but I only partially succeeded. She gave a shy smile that failed to erase that shadow of sadness, and I felt a little frustrated.

But then chance finally gave me the sweet treat of my Sunday at Villa Medici. An elderly couple asked me for information about the exhibition, and I started talking to them as Liv. I also told them the story behind Liv's name. These sweet grandparents were keen to reassure Liv that Lee Schulman is more famous than her. FOR NOW. And then they laughed when I told them I wanted to kill him: "Come on! It's not worth it!" They were so sweet that I tried to explain something about the experience of fellows at the Villa. I'm sure I said some stupid things, but I wanted them to leave with the idea that someone there cared about them. When they asked me what I had been working on, I took them to the caption of the performance. The elderly lady read it aloud, then looked at me and said, "Oh my God, there won't be someone dressed as a ghost, will there?!" She still didn't understand, but her husband did. "She's the presence!" They smiled genuinely and were so beautiful that I wanted to hug them. They said it was a beautiful idea, the most beautiful, and that they congratulated Liv Schulman. Then they apologized for not being able to stay longer and left.

Today, for a moment, I, a work in the exhibition, was swept away by a wave of tenderness. I wish it would happen more often.

Sunday, July 30, 2023

I feel I have to define today as a positive day, not because of the number of stories I told, but because I broke some automatic habits. That always seems like a good thing to me.

The first hour was a bit boring. I just wandered around. I noticed some dead cockroaches here and there on the floor. I watched the pearls scurry around at the entrance of Villa Medici.

The beep of the ticket validation machine always tricks me: every time I hear it, I get a slight jolt inside, thinking I have to be ready, that someone is coming in; finally, it could be the right person for me. Instead, very often that sound does not correspond to a human being entering the exhibition. There is only one ticket attendant, and he is standing in front of that door, so that beep means "yes, I will see Villa Medici" but not necessarily the exhibition, which is ignored by most of them. And me? In the meantime, I have turned into Pavlov's dog. I have had plenty of time to become attached to that sound and develop a conditioned reflex. Pavlov's dogs drooled after the bell rang because they knew they were going to eat. I feel a thrill, my pulse quickens slightly, I feel my muscles tense, my whole body prepares itself. And then nothing. Nothing, they don't come in. They wait outside for the guided tour. And no one thinks of me. I, Pavlov's dog, left without food after endless bells, stay there drooling and don't even get angry. I wonder what those experimental dogs did? Did they bite? What could I do to let off steam, who could I bite?

Fortunately, every now and then, someone comes in, and the conditions are right for me to do my job, and then I remember why I accept this kind of thing, why I still like it despite everything.

The three girls I met were interested in the exhibition, conscientious visitors. I decided to try to break the curse of story number 5—only one weekend to go now!—and I did it! I told the story well, from beginning to end, without ever getting distracted, without ever wanting to run away, all at the right pace. The girls looked at me and occasionally had small reactions. It's a somewhat sad story, and they seemed willing to put some of their empathy on the line. To be honest, that story has always made me laugh a little, but why can't I convey that to my listeners? Maybe it's because I tell it in a sad way? Or is it me who conveys sadness? Am I a sad person? Sometimes I think so, I think that in the end, you can see all the heaviness I carry with me.

The girls were moved at the end of the story, commenting with a little "Awww," like you do when you see a cute little dog. If they had pampered me, I would have accepted it: I always accept everything. I was happy to have unlocked this trauma, but I kept wondering if it had been the right reaction, or at least if that "Awww" indicated approval [...].

I end this day with only two stories told, but just as many obstacles overcome. I am satisfied.

Descart
Borderli

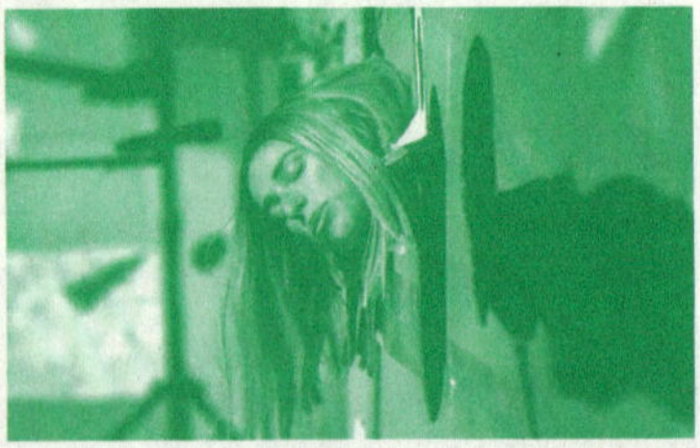

es

ne

77

Esta obra fue escrita originalmente para llevarse a cabo en una feria de arte en la que se destacó una sección para performance. Tenía un horario predeterminado y tres instancias de repetición. Cada vez que se reprodujo duró entre veinte y veinticinco minutos. La performance se hacía detrás de una especie de pared de cartón de quince metros de largo a la que se le habían hecho agujeros y pegado, con Plasticola, afiches provenientes de la vía pública. A través de los agujeros y las ranuras del cartón, me movía repitiendo el texto que una mujer con un tono de voz sobrefeminizado y una actitud entre infantil y seductora me leía por teléfono, mientras caminaba entre el público. La conexión entre lo que esa mujer leía por teléfono y lo que yo estaba haciendo no era evidente; es decir, no se veía del todo, pero se dejaba adivinar. Otra performer, escondida detrás de la pared de cartón, usaba los agujeros para expulsar *slime*, monedas fuera de circulación, paquetes de píldoras vencidas y, hacia el final de la performance, para repetir algunas palabras del texto y sacar el teléfono celular puesto en altavoz. La performance terminaba así: una mano saliendo por un agujero sostenía el teléfono contra un micrófono de pie; nadie en el escenario, ni detrás de la pared, ni entre el público.

Preparación

Esta performance se puede hacer metiéndose dentro de una caja de cartón del tamaño de una heladera a la que se le hayan realizado varios agujeros de diferentes formas y tamaños. La caja se puede desplazar por la calle o en un espacio cerrado. Se le pueden colocar rueditas. Por los agujeros se asoman partes del cuerpo de lx performer. La boca, la oreja, la cabeza y los brazos se asoman de manera intermitente.

La performance también se puede hacer arrastrando el cuerpo entero por la calle, usando las palmas de las manos para impulsarse hacia adelante.

Una tercera opción es hacer la performance en un espacio cerrado, con el cuerpo moviéndose a lo largo de las paredes mientras se le avientan píldoras al público.

Materiales

- *Voz humana*
- *Un teléfono celular en el bolsillo con una llamada abierta, un auricular pegado a la oreja*
- *Unx cómplice al teléfono ("La Voz")*
- Slime
- *Humo*
- *Aspirinas, antidepresivos, pastillas de carbón e ibuprofeno vencidos*
- *Moneditas devaluadas*
- *Una trompeta de papel*
- *Un póster de Descartes*

(Lx performer es libre de incluir otros materiales si lo considera necesario)

La performance comienza cuando lx cómplice, al teléfono, empieza a hablar. Debe repetirse en voz alta todo lo que dice esta persona. No dudar nunca, sólo repetir. Comportarse como unx enviadx de La Voz. La Voz en el teléfono decide la entonación, la intención y las pausas. En la versión que se lee a continuación, La Voz está cerca, circula por la periferia de esta performance, desplazándose entre cincuenta y cien metros. Una vez que se decida quién encarna La Voz, se debe usar una versión exagerada de su personalidad: por ejemplo, si La Voz es un poco contenida, hay que comportarse de forma muy tacaña. Si La Voz es muy femenina, habrá que acentuar esta característica; si es inocente, bobalicona o infantil, hay que expandir esas características para crear un personaje expandido desde unx mismx.

Lx performer con los ojos cerrados repite todo lo que dice La Voz (si se trata de la versión con la caja de cartón, vemos una boca que avanza por una ranura perforada longitudinalmente).

Performer

Así que hoy vamos a hablar del
d-d-d-d-d
de de del destino
du dudu
destino
deeeestiiiinoooo.

Y por destino entiendo

[empezar a tirar pastillas por algún agujero]

la capacidad de anticiparse, en la medida de lo posible, para predecirse a una misma.

Esta capacidad de anticipación puede servir eventualmente, pero últimamente es distópica. Puede servir para predecir el destino de las elecciones, o el curso de algún metal como el cobre. El *destino* suena como una construcción muy esotérica pero lo que no sabemos es que el esoterismo es una forma de conocimiento que viene del interior.
Así que, desde el pensamiento esotérico, me pregunto:
¿qué es lo que ya sé que viene del interior?
¿Qué, dentro de mí, me envía señales?
¿Qué, de lo que ingerí esta mañana, me provoca reflujo gástrico?
Porque el prefijo *eso* es el tipo de conocimiento que crece desde el interior, mientras que *exo* viene del exterior. Es como los exoesqueletos, o los invertebrados que van con un caparazón fuera del cuerpo.

Así que la pregunta de esta mañana fue: ¿qué sé yo de mi interior?
Si todo lo que se conoce en el mundo se conoce desde dentro, entonces puedo poner en marcha una serie de predicciones sobre el destino de la humanidad.
Por eso cierro los ojos, aunque ustedes no lo vean. Yo tengo la evidencia racional y la información me llega por voz divina.

[caen moneditas de un agujerito]

Información en estado puro
puro
duro
seguro.
¡Esto es algo concreto! Porque viene de dentro. Es decir, por teléfono.
Directamente
dentro de un agujero que nunca duerme y que es mi oído.
De forma consciente
o inconsciente esta información se la bajan a mi cuerpo.
Entonces, con este conocimiento del interior, puedo
hacer una serie de predicciones sobre
la especulación financiera
el destino del sector inmobiliario

[sale humo de un agujerito; por otro, sale una trompeta que toca un pequeño solo]

el precio del maíz
la sequía medioambiental
el valor del trabajo
el curso de la inflación.
Porque ahora sé que no depende del ministerio de economía, depende un poco del ministerio del interior.
Todo lo que nos viene, nos viene de adentro, incluso el precio de las acciones en la bolsa,
¿y cómo se llama eso?
Se llama intuición.
Y, según el método cartesiano, la intuición es la primera evidencia.
¿Y dónde está la intuición, si no en el cerebro? En la glándula pineal,
me parece.

Me imagino que las predicciones llevan consigo el estado mental de una misma.

[empujar la caja por una pendiente o, en su defecto, el cuerpo].

¡Se podría pensar que tendríamos cierta estabilidad e influencia sobre el destino de la humanidad si nos conociéramos a nosotrxs mismxs!
Y es verdad que creemos conocernos.

Descartes, un filósofo francés que nos enseña un método deductivo, decía "conócete a ti mismo" y si no fue él no importa. También decía, y esto lo sé sólo

porque vi una película sobre su vida en internet, que el conocimiento viene de la mente y no de la experiencia.
No se puede experimentar una intuición sensible.
Por eso la experiencia sensible no existe.
Primero pensamos, sabemos, entendemos, y luego somos y vivimos.
Ahora sé que no es del todo cierto, pero en el momento me pareció coherente.

[sacar un póster de Descartes con un parche en el ojo todo rotoso por el agujero]

Ahora sé que el intelecto también es una cárcel que hay que desarmar, pero en el momento me pareció bien.
Digo, lo vi en una película; si es ficción debe ser verdad.
Si todo lo que veo, leo, escucho, entra en mi mente por el simple hecho de leer, ver, escuchar... Entonces todo lo que leo, veo y escucho se convierte en todo lo que soy.

[sale slime *de un agujero; caen algunas moneditas]*

Y no hay nada más seguro, no hay nada más racional, no hay nada más lógico que un agente externo a nosotrxs nos diga quiénes somos.
Porque en esta lógica cartesiana de la inteligencia, ser es saber.
¡Es lamentable pero es así!

Y sabemos que nada es verdad si no consultas tus síntomas en internet. Porque internet es el conocimiento esotérico del mundo.
Por ejemplo, ¿quién soy yo?
¿Quién soy yo? Equivale a ¿qué sé yo?

Así que esta semana aprendí algo sobre mí misma y, por lo tanto, sobre mi destino económico. Esta semana me diagnosticaron un trastorno límite de personalidad.
Me dijeron *borderline*.
Todo el mundo es diagnosticado hoy en día, y yo también.
¿Cómo sé que soy *borderline*?
Porque un grupo de hombres me lo gritó por la calle.
¡*Borderline*!
Esta mujer —gritaron en la calle— es *borderline*.
¡*Borderline*!
¡Alguien lo sabía antes que yo!
No tenía ningún conocimiento esotérico de mi estado mental, pensaba que

sólo era neurótica, como todo el mundo.
Pero el destino no se puede torcer.

[sacar la cabeza por un agujero]

Y no hay nada peor, nada peor,

[cerrar los ojos meneando la cabeza]

no hay nada peor que ser insultado con un diagnóstico,
es incluso peor que ser diagnosticado con un insulto.
Porque un insulto afecta al estado mental de miles de personas, a nivel personal y transpersonal.
A través de la vida
y la muerte
y el tiempo
y un insulto permanece latente en el inconsciente de una sociedad,
mientras que un diagnóstico nos aísla.

Y como el inconsciente

[sacar la trompetita de papel]

tuuutruuutuuu es muuuuuuuuuuy machista y misógino, los insultos tienden a ser misóginos y machistas. O ambas cosas. Pero de ahí a que me diagnosticaran *borderline*... ¿Acaso intentaban decirme que estaba loca? O ¿en realidad eran un grupo de psiquiatras y no podían ser otra cosa que específicos?

[empieza a salir slime *de otro agujero]*

Todo esto me confundía porque ¿qué sabía yo realmente de mi estado mental? Si mi destino era ser *borderline*, el destino era *borderline* en sí mismo, cambiaba todo el tiempo.

borderline
lorderbine

¿El grupo de personas que me insultó realmente me estaba diagnosticando? Un diagnóstico mental gratuito se agradece. Además, si este insulto era mi destino, y el destino es una consecuencia esotérica de mi inconsciente, sólo

podía aceptarlo, lo había
manifestado
atraído
solicitado
pedido
como se pide la fibra óptica llamando todos los días a la compañía telefónica.
Hasta que un día viene.

Recibí entonces mi insulto como una hogaza de pan caliente recién salida del horno del internet, porque quizás no eran unos señores cualquiera en la calle los que me habían gritado *borderline*, tal vez eran psiquiatras y yo no lo sabía. Había una evidencia, venida de la intuición, ya lo dijo Descartes.

Busqué los síntomas en internet, así que me pregunté:
¿Tenía sentimientos crónicos de vacío? Sí.
¿Dificultad para controlar la ira? Sí.
¿Sentía amor incondicional por mi perro? ¿Por mi perro que era tan inteligente pero tan celoso? Mi perro sabía contar, señoras y señores, pero no soportaba a mis amigos ni a mis amantes; teníamos una relación codependiente.
¿Sentía?
¿Una capacidad reducida para experimentar verdaderos sentimientos? Sí.
¿Una capacidad reducida para prever las consecuencias de mis actos? Sí.
¿Una perturbación de la identidad? Sí.
¿Una dificultad para analizar mis sentimientos? Sí.
¿Una tendencia a analizar y luego desvalorizar a los demás? Sí.
¿Una inestabilidad en las relaciones interpersonales para evitar entregarme? Sí sí sí sí sí.
¿Tenía síntomas disociativos? Sí.
¿Comportamientos impulsivos? Sí.
¿Abuso de drogas o alcohol? Me gustaba ir al casino.
Me gustan las drogas, por supuesto, y el alcohol también, pero no más que el cine francés o la pintura de posguerra.
OK, así que era *borderline*, ¿por qué no?
No tenía todos los síntomas, pero tenía algunos; no podía confiar en mí misma.
Otra evidencia. Además, hoy aprendí que los sentidos son fuente oscura de conocimiento. Es decir, no sirven.
Ahora, además de *borderline*,
era paranoica.
Puedo admitirlo sin problemas: conozco los síntomas.
Sé que un conjunto de síntomas es un síndrome.

Todos saben que resulta muy difícil mantener la democracia.
Porque parece que lo más importante es mantener la democracia y puedo decirte, ahora mismo, lo que es la democracia.

[van cayendo moneditas por otros agujeros. La caja se acuesta en el piso]

Es... la capacidad de aceptar el discurso dominante.
Y como lo más importante es mantener la democracia, si te cagás en la democracia, te puedo decir que no podés cagarte en la democracia sin cagarte un poco en ti mismx.

Por lo menos tenemos el sistema de salud.
Me interesa el sistema de salud porque soy *borderline* y porque hoy me miré el diente. Y me pareció que se estaba oscurecido. Me pareció que tenía un tono gris del que desconfiaba.
Ayer en la noche abrí los ojos en el aire pestilente y vi que un ojo veía mal y el otro ojo veía aún peor.
Mi ojo izquierdo estaba ennegrecido por dentro, estaba como ahumado.
Entonces encendí la luz y vi que todo estaba bien, que no tenía problemas peores e ignoré el tema y lo reprimí. Pero como yo creo en todo lo que me dicen, y como todo lo que reprimimos vuelve por voluntad divina, ahora tengo miedo de todos mis síntomas.
Y ahora tengo miedo,
tengo miedo tengo miedo tengo miedo tengo miedo tengo miedo
de todas las cosas que no tienen nada que ver con la productividad.

[caen pastillas por un agujero]

[sacar la mano por un agujero cercano al piso y tantear la vereda]

Ayer cuando estaba despierta en el aire pestilente de la noche con el ojo ahumado, miré por la ventana y pasó un policía, pasó un diputado y pasó el obrero de una fábrica. Los tres eran muy masculinos.

[caen más pastillas por un agujero]

El diputado bebía leche y quería avanzar en la vida. El policía lamía helado y quería olvidarse de la vida y el obrero de la fábrica no bebía ni lamía nada, pero iba camino al trabajo. Y lo sé porque vivo al lado de una fábrica y sé que a las cuatro de la mañana, por regla general, un hombre que pasa por la calle es un

obrero de camino a la fábrica.
¿Y qué tenían en común el policía, el diputado y el obrero?
¿Y qué tenían en común todos ellos con los hombres que me gritaron *borderline*?
Que a todos les habían amputado la experiencia sensible.
¿Por qué les pasó esto?
Porque vivimos en democracia y porque eran todos hombres. No se puede hacer la experiencia sensible de la dominación, es casi imposible.

¿Sabían que el proyecto filosófico de Descartes era mejorar la autoestima de todxs nosotrxs, haciéndonos creer que en el mundo no hay lugar para la sensiblería?
Puro racionalismo —dijo un día—, y ese grito de puro racionalismo sonó un poco a "Hacé lo que pienses, pensá cualquier cosa".
¿Parecía el eslogan de una gaseosa? ¡Sí!
¿Qué quiso decir Descartes con esa frase?
No tengo la menor idea porque nunca leí a Descartes, pero en su página de Wikipedia está especificado que, por un principio de método y evidencia, Descartes entendía a Dios como un fenómeno deductivo que venía de la razón pura. Ese polémico pensamiento no me preocupó en el momento, es más, lo acepté como quien cree todo lo que circula en internet y en las clases de historia.
¡Eso era el realismo en este mundo!
Y todo ese realismo era la manera de Descartes de entender a Dios. Y todo el mundo sabe que para Dios y para el Estado todo lo que es realista en este mundo se puede comercializar.
A la gente le gusta el realismo. Si no fuera así, la pintura hiperrealista no tendría clientes.

[rodar por el suelo desde ahora hasta que termine el texto]

El grupo de hombres que me insultó por la calle se puso una bata blanca y entonces eran psiquiatras. Inventaron una droga nueva y la industria farmacéutica los condecoró.

Yo era *borderline* y, dudando, fui a comprar la droga a la farmacia, porque así son los métodos deductivos. Lxs farmacéuticxs se sacaron toda la ropa para indicar transparencia, porque nadie confía en la industria farmacéutica. Todxs lxs farmacéuticxs transparentes —o sea, desnudxs— se hicieron famosxs y eso llevó a la creación de empleos, porque cada fama es una industria: se necesitan secretarixs, peluquerxs, *life coaches*, *life planners*, asistentes financierxs, fotocopiadorxs y psicólogxs, y todxs usaron esa nueva ola de realismo como una oportunidad comercial.

Un hombre nombró un continente por error y se negó obstinadamente a corregirse. Esto creó desórdenes lingüísticos internacionales que se convirtieron en una oportunidad para el comercio y que pesaron sobre todas las conciencias que, a la vez, necesitaron cooperar con el trauma viendo a astrólogxs, psicoanalistas, chamanxs y tarotistas. Hubo una relación de codependencia llamada Síndrome de Estocolmo. Se crearon deudas gracias a esta relación. Todo el mundo aprendió inglés por error, todxs tuvieron que responder en un idioma que no era el suyo y todxs confiaron en el comercio porque para Descartes y para Dios, aparentemente, el mundo racional era puro comercio.

Y así giró el mundo. Y así fue como giró y giró y giró.
Era el destino esotérico del mundo, tenía que girar.
¿Y yo cómo lo sé?
Porque el eje sobre el que giraba el mundo venía de adentro del mundo mismo.
No era una situación feliz, el mundo sólo giraba, sin ninguna gracia.

Descartes Borderline

This piece was originally written to be performed at an art fair that featured a section dedicated to performance. It was scheduled to be performed three times. Each time it was performed, it lasted between 20 and 25 minutes. The performance took place behind a sort of 15-meter-long cardboard wall, which had holes cut into it and was covered with posters taken from the street and glued on with Plasticola. Through the holes and slits in the cardboard, I moved while repeating the text that a woman—with an over-feminized tone of voice and an attitude somewhere between childish and seductive—was reading to me over the phone as she walked among the audience. The connection between what this woman was reading over the phone and what I was doing was not entirely clear; that is, it wasn't fully visible, but it could be guessed. Another female performer, hidden behind the cardboard wall, used the holes to expel slime, out-of-circulation coins, and expired pill packs, and, toward the end of the performance, to repeat some words from the text and take out the cell phone, which was on speaker. The performance ended like this: a hand emerging from one of the holes held the phone up to a standing microphone. No one on stage, behind the wall, or among the audience.

Preparation

This performance can be carried out by getting inside a cardboard box the size of a refrigerator. The box can be moved through the street or within an indoor space. Small wheels can be attached to it, and it should have holes of different shapes and sizes. Through these holes, parts of the performer's body emerge. The mouth, ear, head, and arms appear intermittently.

The performer can also drag their entire body along the street, using the palms of their hands to propel themselves forward.

A third option is to perform it indoors, with the body moving along the walls while pills are thrown at the audience.

Materials

- Human voice
- A cell phone in the pocket with an open call, an earpiece taped to the ear
- An accomplice on the phone ("The Voice")
- Slime
- Smoke
- Expired aspirin, antidepressants, charcoal pills, and ibuprofen
- Devalued coins
- A paper trumpet
- A poster of Descartes

(The performer is free to include other materials if they consider it necessary.)

The performance begins when the accomplice on the phone starts speaking. Everything this person says must be repeated out loud. Never hesitate—just repeat. Act as a messenger of The Voice. The Voice on the phone determines the tone, intention, and pauses. In the version that follows, The Voice is nearby, moving around the periphery of the performance, between 50 and 100 meters away. Once it is decided who will embody The Voice, an exaggerated version of their personality should be used. For example, if The Voice is a bit contained, the performer should act in a very stingy manner. If The Voice is distinctly feminine, this trait should be emphasized; if it is innocent, goofy, or childlike, these characteristics should be amplified to create a character that expands from oneself.

Performer with their eyes closed, repeating everything The Voice says (if it's the version with the cardboard box, we see a mouth moving forward through a longitudinally cut slit):

Performer

So today we are going to talk about
d-d-d-d-d
d-d-d-d-destiny
du dudu
destiny
deeeestiiiinyyyy.

And by destiny I mean

[start throwing pills through a hole]

the ability to anticipate, as much as possible, to predict oneself.

This capacity for anticipation may occasionally be useful, but ultimately it is dystopian. It can serve to predict the outcome of elections, or the course of a metal such as copper. *Destiny* sounds like a highly esoteric construction, but what we don't know is that esotericism is a form of knowledge that comes from within.
So, from an esoteric perspective, I ponder:
What is it that I already know that comes from within?
What is it within me that sends me signals?
What, from what I ate this morning, is causing my gastric reflux?
Because the prefix *eso*—refers to a kind of knowledge that grows from within, while *exo*—comes from the outside. It's like exoskeletons, or invertebrates that carry a shell outside their bodies.

So, the morning's question was: What do I know about my inner self?
If all that is known in the world is known from within, then I can set in motion a series of predictions about the destiny of humanity.
That's why I close my eyes, even if you don't see it. I hold rational evidence, and the information reaches me through a divine voice.

[little coins fall from a small hole]

Information in its pure state
pure
hard
sure.
This is something concrete! Because it comes from within. I mean, through the phone. Straight
into a hole that never sleeps—my ear.
Consciously
or unconsciously, this information is downloaded into my body.
Then, with this knowledge from within, I can
make a series of predictions about
financial speculation,
the destiny of the real estate sector,

[smoke comes out of a small hole; from another, a trumpet emerges, playing a brief solo]

the price of corn,
environmental drought,
the value of labor,
the course of inflation.
Because now I know it's not just up to the Ministry of Economy—it's also, somehow, a matter for the Ministry of the Interior.
Everything that comes to us, comes from within, even the prices of stocks in the market.
And what is that called?
It's called intuition.
And, according to the Cartesian method, intuition is the first form of evidence.
And where is intuition, if not in the brain? In the pineal gland, I think.

I imagine that predictions carry within them one's own mental state.

[push the box down a slope or, alternatively, the body]

One might think that we would have a certain stability and influence over the destiny of humankind if we truly knew ourselves!
And it is true that we believe we know ourselves.

Descartes, a French philosopher who taught us a deductive method, once said "Know thyself"—and if it wasn't him, it doesn't matter. He also said—and I only know this because I watched a movie about his life on the internet—that

knowledge comes from the mind and not from experience.
You cannot experience a sensible intuition.
That's why sensible experience doesn't really exist.
First we think, we know, we understand, and only then we exist and live.
Now I know that's not entirely true, but at the time it made perfect sense to me.

[through the hole, pull out a torn-up poster of Descartes with an eye patch]

Now I know that the intellect is also a kind of prison—one that must be dismantled—but at the time it seemed fine to me. I mean, I saw it in a movie—if it's fiction, it must be true.
If everything I read, see, and hear enters my mind simply by reading, seeing, and hearing... then everything I read, see, and hear becomes everything I am.

[slime comes out of a hole; a few coins fall]

And there's nothing more certain, nothing more rational, nothing more logical than having an external agent tell us who we are.
Because in this Cartesian logic of intelligence, to be is to know.
It's unfortunate, but that's the way it is!
And we all know that nothing is true unless you've checked your symptoms on the internet. Because the internet is the esoteric knowledge of the world.
For example, who am I?
"Who am I?" is equivalent to "What do I know?"

So this week I learned something about myself and, therefore, about my economic destiny. This week I was diagnosed with borderline personality disorder.
I was called borderline.
Everyone gets diagnosed these days—and so did I.
How do I know I'm borderline?
Because a group of men shouted it at me in the street. *Borderline!*
"This woman," they shouted, "is borderline!"
Borderline!
Someone knew before I did!
I had no esoteric knowledge of my own mental state—I thought I was just neurotic, like everyone else.
But destiny cannot be twisted.

[stick your head through a hole]

And there's nothing worse, nothing worse,

[close eyes, shaking head]

there is nothing worse than being insulted with a diagnosis:
it's even worse than being diagnosed with an insult.
Because an insult affects the mental state of thousands of people, both personally and transpersonally.
Through life,
and death,
and time,
and an insult remains latent in the unconscious of a society,
while a diagnosis isolates us.

And as the unconscious

[bring out the little paper trumpet]

tooot-truuut-tuuu is veeeeeeeeery sexist and misogynistic—insults tend to be either misogynistic or sexist. Or both. But to go as far as being diagnosed as borderline... Were they trying to tell me I was crazy? Or were they actually a group of psychiatrists who just couldn't be anything but specific?

[slime starts coming out of another hole]

All of this confused me, because what did I really know about my own mental state? If my destiny was to be borderline, then destiny itself was borderline—it kept changing all the time.

borderline
lorderbine

Were the people who insulted me actually diagnosing me? A free mental diagnosis is always appreciated. Besides, if this insult was my destiny, and destiny is an esoteric consequence of the unconscious, then I could only accept it: I had
manifested it
attracted it
requested it
asked for it

the way one requests fiber-optic service by calling the phone company every day.
Until one day, it comes.

I received my insult like a warm loaf of bread, fresh out of the oven of the internet, because maybe it wasn't just some random men in the street shouting "borderline" at me: maybe they were psychiatrists, and I just didn't know it. There was evidence, the kind that comes from intuition, as Descartes said.

So I looked up the symptoms online and asked myself:
Did I have chronic feelings of emptiness? Yes.
Difficulty controlling anger? Yes.
Did I feel unconditional love for my dog? For my dog, who was so smart but so jealous? My dog could count, ladies and gentlemen, but it couldn't stand my friends or my lovers—we had a codependent relationship.
Did I have a reduced capacity to experience genuine feelings? Yes.
A reduced ability to foresee the consequences of my actions? Yes.
An identity disturbance? Yes.
Difficulty analyzing my feelings? Yes.
A tendency to analyze and then devalue others? Yes.
Instability in interpersonal relationships, to avoid surrendering myself?
Yes yes yes yes yes.
Did I have dissociative symptoms? Yes.
Impulsive behaviors? Yes.
Substance or alcohol abuse? I liked going to the casino.
I like drugs, of course, and alcohol too—but no more than French cinema or postwar painting.
OK, so I was borderline—why not?
I didn't have all the symptoms, but I had some. I couldn't trust myself—another piece of evidence. Also, today I learned that the senses are a dark source of knowledge. That is, they are useless.
Now, on top of being borderline,
I was paranoid.
I can admit it easily: I know the symptoms.
I know that a set of symptoms makes a syndrome.

And everyone knows that maintaining democracy is a daunting task.
Because it seems that the most important thing is to maintain democracy, and I can tell you, right now, what democracy is.

[coins start falling from other holes: the box lies on the floor]

It is... the ability to accept the dominant discourse.
And the most important thing is to maintain democracy. And if you don't give a shit about democracy, let me tell you: You cannot shit on democracy without shitting a little on yourself.

At the very least, we have a healthcare system.
I'm interested in the healthcare system because I'm borderline, and because today I noticed my tooth was getting darker. It seemed to have a grayish tone I didn't trust.
Last night I opened my eyes into the foul air and noticed that one eye was seeing poorly and the other one even worse. My left eye looked blackened on the inside, as if it had been smoked.
So I turned on the light and saw that everything was fine, nothing seriously wrong, so I dismissed it and repressed the whole thing. But since I believe everything people tell me, and since everything we repress returns by divine will, I'm now afraid of all my symptoms.
And now I'm scared.
I'm scared I'm scared I'm scared I'm scared I'm scared
of all things that have nothing to do with productivity.

[pills fall through a hole]

[stick your hand out of a hole near the ground and feel the sidewalk]

Yesterday, when I was awake in the foul night air, with my smoked-out eye, I looked out the window and a policeman walked by, then a deputy, and then a factory worker. All three of them were very masculine.

[more pills fall through another hole]

The deputy was drinking milk and wanted to get ahead in life. The policeman was licking an ice cream and wanted to forget about life, and the factory worker wasn't drinking or licking anything, but was on his way to work. And I know this because I live next to a factory, and I know that at four in the morning, as a general rule, a man walking down the street is a worker on his way to the factory.
What did the policeman, the deputy, and the worker have in common?
And what did they have in common with the men who yelled "borderline" at me?

That they had all had their capacity for sensory experience amputated.
Why did this happen to them?
Because we live in a democracy, and because they were all men. The sensible experience of domination cannot be made, it's almost impossible.

Did you know that Descartes's philosophical project aimed to boost all our self-esteem by convincing us that there's no room for sentimentality in this world? Pure rationalism—he once said—and that cry of pure rationalism sounded a bit like "Do whatever you think, think anything you want."
Did it sound like a soda slogan? Yes, it did!
What did Descartes actually mean by that phrase?
I have no idea, as I've never read Descartes, but his Wikipedia page states that, according to a principle of method and evidence, Descartes understood God as a deductive phenomenon that came from pure reason. That controversial idea didn't worry me at the time. In fact, I accepted it like someone who believes everything that circulates on the internet and in history classes.
That was the realism in this world!
And all that realism was Descartes's way of understanding God. And everyone knows that for God and for the state, everything that is realistic in this world can be marketed.
People like realism. If it were not so, hyperrealistic art would have no customers.

[roll on the ground from now until the text ends]

The group of men who had insulted me on the street put on white lab coats, and suddenly they were psychiatrists. They invented a new drug, and the pharmaceutical industry rewarded them.

I was borderline and, hesitating, I went to buy the drug at the pharmacy—because that's how deductive methods work. Pharmacists stripped down to demonstrate transparency, since no one trusts the pharmaceutical industry. All the transparent pharmacists—meaning, naked—became famous, and that led to the creation of jobs, because every form of fame is an industry: You need secretaries, hairdressers, life coaches, life planners, financial assistants, photocopy operators, and psychologists, and they all used that new wave of realism as a commercial opportunity.

A man named a continent by mistake and stubbornly refused to correct himself. This triggered international linguistic disorders that became an

opportunity for commerce and weighed heavily on the conscience of everyone, who in turn had to cope with the trauma by seeing astrologers, psychoanalysts, shamans, and tarot readers. A codependent relationship emerged, called Stockholm syndrome. Debts were created out of this relationship.
Everyone learned English by mistake: everyone had to answer in a language that wasn't their own, and everyone placed their trust in commerce because, for Descartes and for God, the rational world was apparently nothing but pure commerce.

And that's how the world turned. And that's how it turned and turned and turned.
It was the esoteric destiny of the world—it had to turn.
And how do I know this?
Because the axis on which the world turned came from within it. It wasn't a happy situation. It simply kept spinning, stripped of any grace.

La nueva inflación

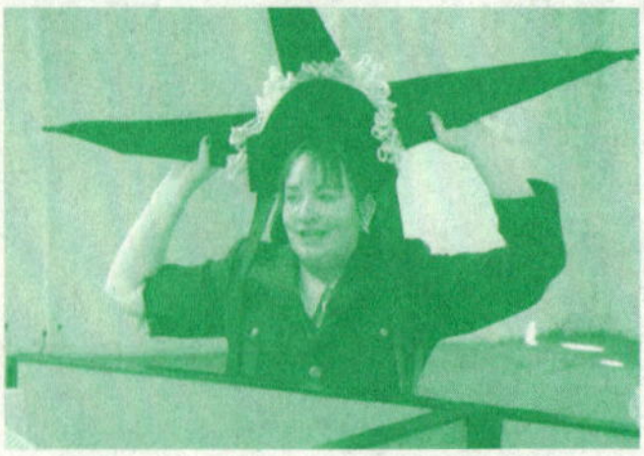

La nueva inflación fue primero una performance, luego un guion y, por último, una película que filmé en el último piso de un centro de arte en Omaha, Nebraska, Estados Unidos. Actuaron actorxs amateurs locales que, además de actorxs, eran enfermerxs, cuidadorxs nocturnos de un colegio, empleadxs de una aseguradora, rescatistas y profesorxs de artes electrónicas. Se trataba de entender la inflación como un fenómeno polisémico, pero también de hacer cualquier cosa. La gente que estaba ahí tenía su entusiasmo y quería actuar, y ¡eso hicimos! Practicamos como si fuera una obra de teatro escolar o comunitario, tres veces por semana: los miércoles, jueves y viernes por la noche. Después lo filmamos, lo editamos y lo mostramos.

Preparación

Una performance para ser actuada en 8 escenas.

Este texto se puede adaptar libremente en los showrooms *de una mueblería, en una tienda de decoración de interiores, en un espacio de coworking, en una comisaría, en una guardería para niñxs, en la sala de espera de un hospital y en las salas de espera de cualquier institución pública, mental o municipal.*

Personajes

- MAL: Descaradx, sin emociones, provocadorx, también chatx. Tiende a golpearse el pecho con la mano provocando vibraciones en la voz. Aunque a veces agresivx, nunca grita.

- ERROR / DEFECTO: Completamente deprimidx. Tiene un tic en el ojo. También se le levanta el brazo solo.

- MEJORES INTENCIONES: Le gustan los movimientos pélvicos. Muy sexual, pero también alienadx. Se frota contra muebles, mesas, cosas; está todo el tiempo arrastrándose por el suelo. Las zonas erógenas de este personaje pueden ser cualquier cosa: los codos, las rodillas, las pantorrillas o los ojos. Cambia según el contexto.

- TOCAFONDO: Tímidx, ansiosx y con muy baja autoestima. Constantemente se pregunta si está bien. Pide perdón muy seguido en situaciones que no lo reclaman.

- MIS NECESIDADES: Unx personaje que nunca está del todo paradx, adopta la forma de todo lo que toca. Adaptable, resiliente, complaciente, flexible y resistente.

ESCENA 1

Materiales

- *Un bajo o guitarra eléctrica*
- *Una cajita de fósforos*

Contexto: *una oficina municipal.*

Cerrar los ojos y contar hasta 20 antes de empezar. Se escuchan pasos muy cortos. Una respiración acelerada nos hace pensar en un grupo de hormigas trabajando muy rápido.

Mejores intenciones tiene los ojos cerrados y está paradx sobre una silla o una mesa. Tiene el bajo o la guitarra eléctrica en las manos. Empieza un solo muy largo, muy melancólico y repite siempre los mismos acordes.

MEJORES INTENCIONES:
En los últimos meses nos convertimos en excelentes lavadorxs de manos.
Mejores desmaterializadorx.
Excelentes distanciadorxs.
Increíbles desinfectantes.
Muy buenxs desaceleradorxs.
Aún mejores administradorxs.
Repetidorxs implacables.
Muy buenxs admiradorxs secretxs
y extraordinarixs neutralizadorxs.
Dos partículas pueden estar separadas y aún afectarse entre sí, eso es lo que dijimos.
Nos volvimos cuánticxs.
Desafiamos los principios del realismo y la localidad.
Los fluidos y las ansiedades se atascaron en las puertas del control fronterizo.
Nos volvimos impecablemente groserxs,
impecablemente solterxs,
impecablemente provisorixs.
El universo se convirtió en nuestro patio trasero
y el espacio exterior en un páramo que albergó todas las cosas que ya no necesitábamos.
El cuerpo se convirtió en la frontera
y la sangre en la policía.
Mi sangre corrió por las venas de otras personas.
Los linfocitos se convirtieron en nuestros mejores agentes de aduana.
La comida se volvió innecesaria
y la descarga se convirtió en la expresión de esperanza del cuerpo.
Los esquemas piramidales quedaron obsoletos.
También lo hicieron las economías de mandala y los atrapasueños.

Adiós.
Adiós.
Adiós.
Adiós, tiendas *GoodBuy.*
Hasta la vista, *Black Fridays.*
Hasta la vista, productos Avon.
Encantadx de conocerte, guerra costosa.
Nunca más fondos de inversión.
Adiós, despreocupación.
Adiós, crema base.
Adiós, fondos verdes,
fondos de inversión.

[empieza a insistir con acordes escalonados]

Adiós, entusiasmo.
Hasta nunca, propósitos de año nuevo.
Adiós, impresoras USB.
Nunca más expectativas del cuarto oscuro.
Buena suerte, bomberos, nunca más los necesitaremos.
Adiós, comunidades.
Adiós, protestas, disturbios, ríos, especulación financiera.
Adiós, huevos.
Adiós, infinito.
Adiós, lujuria.
Adiós, pornografía.
Adiós, mentiras, dolor, locura, miseria, alcoholismo, desaprobación social y
adiós, lenguaje.
Ahora todo está permitido.
Adiós, FOMO. No pasa nada que nos estemos perdiendo.
Adiós, personalidades.
Adiós, singularidad.
Adiós, unicidad.
¡Adiós, universo!
¡Fue divertido no conocernos!
¡Adiós, fantasía!
¡Hasta la vista, misterio!
¡Hasta nunca, industria!
Ciao, inflación.
Adiós, recesión, ya no te veremos la cara.

Adiós, crecimiento. Nunca exististe, nunca te necesitamos, nunca te presentimos. Ya no nos haces falta.

[cerrando los ojos]

El otro día...
El otro día me senté en un tren mirando hacia atrás, cosa que nunca hago. Era el único asiento disponible y estaba cansadx. Es como subirse a una montaña rusa temporal, me dije. Me lo dije para tranquilizarme, porque ir de espaldas me da ganas de vomitar. Tengo el estómago débil.

Empecé a mirar por la ventana y las cosas también se movían hacia atrás. Primero la hierba se movió. Se movió hacia la izquierda y luego empezó a cambiar: la hierba era verde y alta, después era cada vez más amarilla, y empezaron a brotar pequeñas lilas que se abrían y cerraban tan rápido como el tren pasaba. Entonces vi una vaca a través de la ventanilla del tren. Se quedó en la ventana mucho tiempo, cambiando. Primero fue marrón, después se volvió amarilla, después fue verde y después estaba muerta.

Olí a levadura. Abrí la boca, exhalé y olí el perfume de mi propio aliento. Había adoptado un hongo dentro de mi cuerpo. Olía.

Había un perro en la ventanilla, ladrándole a una valla invisible. La valla retrocedió y se convirtió en un alambrado eléctrico. Luego el alambrado se volvió una barrera de madera y eso también desapareció, hasta que no quedó nada más que el tiempo. El perro siguió ladrando, pero ya no parecía un perro: era algo extrañamente familiar, como si fuera el padre del perro, un can más salvaje. Seguía ladrando. El lobo se convirtió en algo que no pude nombrar.

Una mujer apareció en la ventana, señalando su pata de palo. Saludó al tren. Llevaba medias de lana metidas en zuecos de madera y un vestido de manga larga con botones hasta abajo. El vestido estaba muy sucio. Tenía la boca cerrada y hablaba con los ojos. Entonces se desenganchó la pata de palo del cuerpo y, saludando al tren con la pata de palo en la mano, perdió el equilibrio, cayó sobre la ventanilla y —supongo— se escurrió bajo las ruedas del tren.

A lo lejos vi una carreta que lucía blanca y sucia. Me dije que probablemente estaban rodando una película del Oeste, una película muy realista.

En la ventanilla del tren apareció un granjero con botas, sombrero, vaqueros y un chaleco Armani. Parecía un modelo disfrazado de granjero, no un granjero de verdad. Permaneció en la ventanilla mucho tiempo. Su ropa empezó a cambiar: el chaleco Armani se convirtió en un enterito; las botas de goma, en botas vaqueras Tom Ford. Abrió la boca. Por un segundo, sus dientes fueron verdes y luego desaparecieron: ya no tenía dientes. Ahora también estaba desnudo y vi que su cuerpo estaba cubierto de manchas marrones. Miré directamente sus órganos sexuales. Estaban cubiertos de sanguijuelas.

De repente, sospeché que mis zapatos estaban desatados. Mis uñas empezaron a chasquear entre sí. Sentí los dientes afilados, como si en vez de dientes fueran un sonido agudo. Una banda de palomas levantó vuelo mientras se disparaba un arma al cielo. Me incliné para atarme los zapatos. Ahora eran de cuero y estaban cosidos a mano: zapatos coloniales. Mi pollera fluía con el movimiento del tren, levantándose para mostrar las rodillas. Sintiéndome impúdicx, intenté bajarla con las manos. Mis manos... mis manos eran... ¿viejas? No, viejas, no. Sólo parecían... ¿usadas?, ¿rústicas?

Tenía plata colonial en los bolsillos. Era moneda inútil. ¿Cómo conseguí todo ese dinero? ¿Había estado durmiendo en mi bolsillo durante los últimos 400 años? Representaba la libertad, eso decían las moneditas, doblándose y desdoblándose como una boca diminuta. Pero no me importaba la libertad.

Miré por la ventana: el mundo seguía ahí afuera, girando alrededor del Sol como lo hiciera cada día durante los últimos 4 543 mil millones de años.

Conquistar América —parecía justo ahora— era hacer lo correcto.
Pero todas las conquistas coloniales de la historia —que yo sepa— ocurrieron cuando los gobernantes estaban totalmente desesperados.
¿Yo era un conquistador nato?
Lo era, porque estaba en bancarrota.
Me pregunté:
¿Por qué, cuando estamos más rotxs, es cuando nos volvemos más expansivxs?
¿Era nuestro deber convertirnos en un imperio?

Encontré un trozo de tela en mi bolsillo y empecé a pulir mi plata colonial. Mi plata, mi pequeña plata, que tanto me importa.

Seguí mirando por la ventana. De repente, estábamos en recesión: la economía crecía hacia atrás. Y como la deuda es como un árbol, reproduce bajo tierra la misma forma que tiene en la superficie.

[cambiar de acordes ahora]

En el universo...
En el universo la energía positiva indica la presencia de energía negativa.
Todo suma cero.
Es así como ocurre en el universo.
El universo no entiende palabras como "no" o "nunca"... por eso. Así que la negatividad no es necesariamente un "no". Es más como la deuda: crece por debajo de cero, haciendo un negocio por sí misma.
El universo sólo entiende la singularidad.
La singularidad es la explicación de un estado radical.
Un estado sin tiempo ni espacio, porque están comprimidos.
Entonces, ¿qué es la singularidad?
Otra palabra para positividad.
O electricidad.
O subjetividad.
O maaaaaaaaaaaaaaaaaaaaaaaaaaaaaaaaaaaaaaaaaaaaaaaaaaaaaaaaaaaaaaagnetismo.
En el universo no hay nada como la negatividad. Porque, para el universo, todo lo que existe en el lenguaje es materia.
Y todo lo que existe como materia, incluso la materia oscura, es...
una oportunidad comercial.

[Mejores intenciones se tira al piso]

[Mis necesidades y Tocafondo están sentadxs en el piso en una posición extraña. Parecen reclinadxs sobre los codos]

MIS NECESIDADES:
Hola, Sheila.

TOCAFONDO:
Hola, Deborah.

MIS NECESIDADES:
Hola, Susan.

TOCAFONDO:
Hola, Clorindha.

MIS NECESIDADES:
Hola, Selma.

TOCAFONDO:
Hola, Rhonda.

MIS NECESIDADES:
Ciao, Gina.

TOCAFONDO:
Hola, Esther.

MIS NECESIDADES:
Bienvenida, Bárbara.

TOCAFONDO:
¡Cómo engordaste, Clémence!

MIS NECESIDADES:
Te ves triste, Verónica.

TOCAFONDO:
Tomá la American Express, Laura.

MIS NECESIDADES:
Saludá, Fantasía.

TOCAFONDO:
¿Cómo estás, Celeste?

MIS NECESIDADES:
Hola, Monique.

TOCAFONDO:
Hola, Diane.

MIS NECESIDADES:
Mi frasco de perfume tiene 150 centímetros de grosor...
Soy ricx.
Pero una mujer pobre vino y lo llamó *probetita*.

Así que la maté.
Para matarla usé una mandolina
y envolví las puntas de cada dedo con sus cuerdas.

TOCAFONDO:
Eso debe haberle dado a todo el asunto un aire de castigo renacentista o de tortura. Y, como cualquier tortura, el propósito de este artilugio es hacer que la gente confiese la verdad.

MIS NECESIDADES:
Después de su muerte, confesó que había estado celosa.
De mi riqueza y de mi frasco de perfume.
Así que escondí su cuerpo detrás de un espejo.
Cada vez que me mire en este espejo, me dije,
me recordará mi monstruosidad.
Pero un mechón de pelo quedó asomando debajo del espejo y, después de aislarlo, me confundí tanto que me olvidé de quién era el pelo.
Ahora, cuando me miro al espejo, pienso en la industria capilar,
en uñas acrílicas,
en frascos de perfume caros.
Pero nunca me acuerdo de mi monstruosidad.

TOCAFONDO:
¿Y cómo sabemos que son diferentes?
¿Las uñas, del pelo, de los frascos?
Por la intensidad con la que viajaron sus generaciones a través del tiempo.
Las uñas sobrevivieron y bebieron fórmula para bebés.
Las extensiones de pelo bebieron whisky y trataron de salir adelante en la vida.
Los perfumes no bebieron nada y no se transmitieron a ninguna generación, pero yo vivo junto a una central nuclear y una fábrica de electrónica donde sólo trabajan mujeres. Y sé que, por la noche, pasan tiempo juntas, hablando del olor de la gente rica.

[Tocafondo se levanta y empieza a caminar; se dirige a Mal, que está medio dormidx en una silla, le habla al oído despertándolx]

TOCAFONDO:
¿Sabés lo que es la materia oscura? Es aproximadamente el 80% de la materia no declarada del universo. Es transparente, inocua y está en todas partes.
Se nota cuando mirás la gravedad y en los cambios de velocidad orbital.

También está en nuestros cuerpos...
¡en cientos!
No, espera...
no cientos...
mmm... miles de... partículas de materia oscura... mmm... pasando por el esófago y por la boca...
Está en la distancia entre dos cuerpos... mmm... yo diría, incluso, que define la distancia misma.
Es tan negativo, es algo... es... ¡es un capital negativo!

[Tocafondo cierra los ojos y se acerca a la pared, empieza a amasar finamente la cabeza contra la pared. Cuenta hasta diez]

Fin de la escena

ESCENA 2

Para ser actuada en un pasillo largo. ¡Es lamentable, pero es así!

Materiales

- *Un arpa casera hecha con tubos de neón*
- *Una gorra de policía*
- *Una trompeta*

Oímos un t-t-t-t-t-t-t-t-t-t-t-t-t-t-t-t-t-t-t-t t muy prolongado (unos 40 segundos).

Voz en off: Café Autovictimizante

Defecto y Mis necesidades entran en escena. Ambxs pasan los dedos por arriba y abajo de algo que parece un arpa casera hecha con un montón de luces de neón.

Mis necesidades está todx dobladx alrededor de los tubos.

ERROR:
¿Mis necesidades?

MIS NECESIDADES:
¿Qué?

ERROR:
¿Mis necesidades?

MIS NECESIDADES:
Qué.

ERROR *[bostezando]*:
¿Querés que te dé una exposición?

MIS NECESIDADES:
¿Qué?

ERROR:
¿Querés hacer una exposición? Ahora trabajo para una institución artística, soy comisarix afiliadx. Necesito hablar con vos urgente, quiero contratarte lo antes posible para una exposición en la Sociedad de las Américas.

MIS NECESIDADES:
¡Oh, dios mío! Sí. ¡Sí, claro que quiero!

ERROR:
Bueno, es muy importante que hablemos cuanto antes.
Te llamo este fin de semana para hablar del proyecto.

MIS NECESIDADES:
Pero ahora estoy disponible, si quieres podemos hablar ahora mismo.

ERROR:
¿Sí? No sé. Creo que tengo que concertar una cita para que podamos ver esto como se debe.
¿Estás libre este fin de semana?

MIS NECESIDADES:
¡Claro! Cancelaré todos mis planes y estaré disponible todo el fin de semana.
¡Llamá cuando quieras!

MAL *[de cara a la pared, hace el siguiente ruido durante 20 segundos chasqueando la lengua]*:
t-t-t-t-t-t-t-t-t-t-t-t-t-t-t-t-t-t-t-t-t-t-t-t-t-t-t-t-t-t-t-t-t-t-t-t-t-t-t-t-t-t-t-t-t-t-t-t-t-t-t-t-t-t-t

[todo el mundo cae al piso; todxs se levantan de nuevo; todxs se caen de nuevo. Hacer esto siete veces]

MIS NECESIDADES *[muy quietx en el rincón en donde quedó]:*
¡Hola! ¿Defecto? Sólo quería decir... No llamaste durante el fin de semana, pero entiendo perfectamente que debes estar súper ocupadx.
Estoy disponible hoy si quieres hablar.

ERROR *[muy lejos, también hablando con la pared]:*
¡Dale! ¿Cuándo puedo hacerte un hueco? ¿Mmm...? Ahora mismo es muy complicadx, estoy como locx con todo esto del trabajo y la familia...
Te llamo este fin de semana.

[nadie habla; durante un minuto las cosas están quietas; nadie se mueve. Oímos un ejército de hormigas avanzando]

MIS NECESIDADES *[sonando muy compungidx y hablando con un tono más agudo]:*
¿Hola, Defecto? ¿Perdón, Error? Sólo quería decirte que me gustó mucho tu último *post* sobre cómo comentar narrativas universales.
Además, sigo esperando tu llamada.
¿Te parece que charlemos esta semana, este mes o el que viene?

[silencio agudo]

MIS NECESIDADES *[sonando realmente muy compungidx y con la voz muy aguda]:*
¿Hola, Defectooo? Sólo quería decirte que me gusta mucho tu último *post* y demás.
Sigo esperando tu llamada.
¿Te gustaría que charlemos esta semana, este mes o el que viene?

MIS NECESIDADES *[con un tono de voz muy apologético y agudo]:*
Hola, ¿Defecto? Sólo quería decirte que me gustó mucho tu último *post* y también sigo esperando que me llames.
¿Te parece que charlemos esta semana, este mes o el que viene?

ERROR:
Bueno, es que *no sé* cuándo puedo hacerte un hueco... ahora mismo.... no puedo.
Déjame ver y te contesto.

[Error cae al suelo y rueda bajo una mesa de cristal donde empieza a apagar y encender el arpa de luces de neón que todavía tiene en la mano]

[Mis necesidades se queda en su sitio y Mejores intenciones sale a su encuentro. Hablan de cara a la pared, no el unx con lx otrx. Retoman una conversación ya iniciada]

MEJORES INTENCIONES:
Verás, cada semana se reúne un grupo para evaluar su rendimiento semanal. Son todas mujeres y perros, así que, como ves, el contexto es muy amistoso. Venden productos Avon. Hacen ventas puerta a puerta y todas esas cosas; hacen muchas ventas en esas reuniones semanales. Yo estaba buscando un trabajo extra. Fui allí porque soy solterx y el pilar de la familia: me encargo de todo y así sucesivamente, por lo que tuve que proporcionarme... autoempoderamiento, ya sabés...

MIS NECESIDADES *[todx dobladx contra la pared]*:
Sí, fui la semana pasada. El sistema se llama *marketing* directo y es una especie de economía precaria para mujeres. Compran los productos y luego los revenden. Algunos dicen que es una estafa piramidal, pero para mí es puro deseo, porque todo el mundo quiere los productos. Una forma de *marketing* salvaje, independiente, natural, que no necesita mediadorx, ni camarerx, ni tenedor entre la mano y la boca.

MEJORES INTENCIONES *[frota una revista de las que muestran ofertas del supermercado contra su pecho]*:
Las mujeres se sientan en círculo acariciando los productos Avon. Se frotan el vientre con los bordes de plástico de botellas y tarros, cierran los ojos y presionan los labios contra los envases de cartón, compartiendo fantasías e intercambiando los productos por dinero de ida y vuelta.

MIS NECESIDADES:
En un momento dado descubren que las compradoras son también las vendedoras.

MEJORES INTENCIONES:
Pero, en lugar de ser un problema, esto se convierte en una energía giratoria de compra y venta, y compra y venta. Así que: energía, sí. Te contaron cómo es.

MIS NECESIDADES:
¡Sí...! Es así... ¿verdad? Los productos se frotan, se acarician, se erosionan. Todo este roce empieza a verse como una forma de economía. Y las mujeres y los perros siguen frotándose contra los productos Avon, revendiendo, comprando y revendiendo...

MEJORES INTENCIONES *[frotando una revista abierta contra su muslo, interrumpiendo como si tuviera una idea]:*
Y, en cada transacción, el producto se reduce un poco más, y los excedentes siguen cayendo.

MIS NECESIDADES:
Hacen eso cada noche, toda la noche, en total autarquía, hasta que los productos se reducen tanto que desaparecen. Se convierten en números negativos y las comisiones siguen bajando.

Ese día que fui, me encargué de todos los canapés, pero no de las bebidas, y tuvimos sed. Se nos caían hilos de saliva de la boca, mientras los productos negativos de Avon seguían generando beneficios. Así se creó una nueva versión del marketing directo, una versión mucho más nuclear, que no necesitaba de un objeto para existir. Tuvo mucho éxito: los productos Avon desaparecieron por completo, pero siguieron generando beneficios en su ausencia. ¿Por qué? Porque ahora eran materia oscura.
No era física, era comercio.

[Mis necesidades va a la cafetera y se sirve un café. Empieza a mirar el vacío]

[oímos un solo de trompeta de Tocafondo, que está sentadx en una mesa de metal con un gorro de policía]

Fin de la escena

ESCENA 3

Materiales

- *Showroom de mueblería o tienda de Home Depot*
- *Una trompeta*

Voz en off: Caféeee

Tocafondo sigue un rato con el solo de trompeta, muy sexy y melancólicx hasta que se queda sin aire. Empieza a hablar muy nerviosx, tocando todos los muebles.

TOCAFONDO:
Si miro de cerca, entrecerrando los ojos, puedo ver a un pordiosero en la esquina de la habitación, con dos bolsas de basura en lugar de zapatos y una pelota de fútbol en lugar de cara. Un par de guantes de cocina en lugar de manos, cada uno con una taza de café. Si me preguntan, diría que se trata de una declaración de moda, no de pobreza, obviamente. Su cuerpo suave, todo de barro. Tan suave que parece un músculo. Tan democrático que viene de las remotas regiones del universo. Y tan misterioso que rueda por ríos de especulación financiera.

[mientras habla, Tocafondo empieza a cambiarse de ropa; debajo del uniforme lleva una camisa, el saco de un traje de negocios sin pantalones y tacos altos]

TOCAFONDO:
Estira la mano el pordiosero y la taza de café cae al suelo.
¿Qué está mirando? ¿Qué espera? ¿Me está mirando a mí?
Si me mira, me sentiré obligadx a decir "me gustas", y él dirá "soy como vos", lo que no disminuirá la confusión.
No sabré si quiere decir que yo le gusto o que él soy yo.
¿Cómo saberlo? Los límites son borrosos hoy en día.

[sonando cada vez más nerviosx]

O tal vez, por gustar, quiso decir chupar o lamer —que es un concepto más erótico—, y todo el mundo sabe que todo lo que es erótico, en realidad, es esotérico. ¡Es casi lo mismo!
¿Por qué? Porque esotérico es el conocimiento que viene de dentro.

¿Y qué es erótico? Ejemplos, por favor... Lo de siempre: el poder, la publicidad de los bancos, las compañías de seguros, los cajeros automáticos...
Todo el conocimiento que viene de dentro.

MIS NECESIDADES:
No, pero esperá, sólo estás describiendo la economía. No estás queriendo decir nada.

TOCAFONDO *[muy cansadx y bostezando]:*
Y... Sí... En los últimos años nos volvimos realmente excelentes en ser eróticxs, porque éramos excelentes en ser económicxs. Esa fue nuestra singularidad.

MIS NECESIDADES *[con cara de confusión]:*
Espera. ¿Qué dijiste que era la singularidad?

MEJORES INTENCIONES *[entra rodando sobre una mesita metálica]:*
Mmmmm... Yo diría que es la capacidad de un cuerpo de alcanzar su propia autoaceleración. Yo diría que es autocapitalizarse.

ERROR *[despegándose de la pared]:*
No. Es un punto en el universo donde todas las leyes físicas son indistinguibles entre sí, donde el espacio y el tiempo ya no son realidades interrelacionadas. Se fusionan y dejan de tener un significado independiente.

MEJORES INTENCIONES:
Para mí, antes de explotar, el universo era pura singularidad. Ahora, además de ser el miedo a que las máquinas dominen la humanidad, la singularidad también es algo en los negocios y las artes. Significa originalidad, ser peculiar, unx sujetx solitarix; ser singular, no tener plural. Como yo, ¿me ves a mí?

MAL:
¡Yo fui unx sujetx!

Error *[poniendo los ojos en blanco]:*
Sí, todxs lo fuimos...

MAL:
¡Yo era súbditx de Cleopatra!

TOCAFONDO *[estirando la pierna en un movimiento inseguro y compulsivo que se repite]:*
Eso sería, suponiendo que la singularidad se transmite, a través del tiempo, a la misma persona una y otra vez. Lo cual no creo...
Quiero decir: yo no soy lx mismx sujetx que le llevó ese huevo a la Reina de Castilla.

ERROR:
¿Cómo no sabes esto? Porque sabes que, como la energía cuando choca, los cuerpos se mezclan cuando viven y mueren. Es como cuando el tiempo y el espacio chocan en una dimensión unilateral: se llama subjetividad.

DEFECTO / ERROR:
Pensé que habías dicho que se llamaba singularidad.

MEJORES INTENCIONES:
Bueno, es como la singularidad pero con una dimensión política. Significa que sos a la vez sujetx de algo y sujetx a algo. ¿Entendés?

ERROR:
Sí, pero yo creía que habías dicho que la singularidad trasciende el tiempo...

MIS NECESIDADES:
¡No! Lo que dijo es que la subjetividad *supera* el tiempo, ¡justifica cualquier forma de ocupación!
El argumento es más o menos así: como ya estoy ocupadx por cientos de años de singularidad ajena, soy lx mismx desde tiempos bíblicos.

ERROR:
Myneeds, eso no tiene ningún sentido.

TOCAFONDO:
Para mí sí tiene sentido. Si todo lo que veo entra en mi cuerpo a través del acto de ver, sé que me convierto en todo lo que veo. Vi al mendigo y me gustó, así que empecé a lamerlo. Lamí su ropa, sus zapatos y la suciedad de sus ojos. Porque vi, me gustó y lamí a ese mendigo, ese mendigo se convirtió en mí. Yo me convertí en ese mendigo. ¡Ese mendigo era yo!

Y todo el mundo sabe que la mendicidad es, por definición, la empresa con más éxito en el arte de gobernar. Ya no necesitaba conseguir o amar un trabajo:

¡Yo era el trabajo! Mendigar podía ser mi vida. Porque mendigar es tomar lo que venga como recurso. Podía relajarme y tomar café todo el día; el trabajo se solucionaría solo. Mi mendicidad se convertiría en un flujo de economías formales e informales tan estrecho que ya no habría separación entre una primera y una segunda realidad.

Lo que sí importaba era la estética.
Café y trabajo.
Y por "y" quise decir "ser": café ser trabajo.

ERROR *[golpeándose el muslo como si se acordara de algo]:*
¡Cierto! Cuando uso una preposición soy una preposición, se amalgama.

[las luces se apagan]

Fin de la escena

ESCENA 4

Voz en off: Caféeee

Las luces se encienden. Estamos en el mismo espacio amueblado.

ERROR *[susurrándole a una lata de Diet Pepsi en el suelo]:*
Uhhhmmmmmmmmmm,
Yyyeccccceeessssmmmmmmmmmmmmmhhhhhhaaaaaaaa.
Quinientos años atrás, un pordiosero vino con un huevo a ver a la Reina de Castilla. El huevo estaba ahí para significar la forma de la Tierra, que era redonda. Eso no le quedó tan claro a la Reina de Castilla, que miró al hombre con perplejidad, como si sufriera un trastorno mental. Para ella, la Tierra era una superficie plana y dura sobre caparazones de tortugas, erguidas sobre lomos de elefantes. Así que no llegaron a un acuerdo. Pero el huevo estaba allí para significar una oportunidad comercial: el mendigo quería llegar al este viajando por el oeste.

¿Te parece una locura? ¡Lo era! Para ilustrar sus intenciones, estrelló el huevo contra la mesa. ¿Y cómo lo sé? Porque este mendigo era Cristóbal Colón y porque vi esta escena en una película biográfica. Está en una película, ¿okey? Dirigida por John Glenn. Lo único que el pedigüeño no sabía era que, en su camino, se interponía todo un nuevo continente.

ERROR:
Sí, ¿pero eso iba a ser un problema? ¿Un pequeño error iba a ser un impedimento para el comercio? Jamás. Así que, ahogándose en la negación, decidieron llamar *Indias* a aquel lugar y a sus habitantes.

MAL *[arrastrándose por el suelo]:*
Para los conquistadores de las Indias, todas las formas de vida eran complejas, ni verdaderas ni falsas. Todas estaban interrelacionadas porque cada nombre era consecuencia de otro, y las cosas no tenían forma permanente: cambiaban todo el tiempo. Y lo mismo ocurría con los nombres y el significado de los sustantivos.

MEJORES INTENCIONES *[golpeando repetidamente el suelo con el talón]:*
Sí, por eso creo que necesitaban un valor con constancia, algo que no cambiara nunca, independientemente de cómo fueran las cosas. Miraron al cielo y vieron que en el universo todo era relativo. Lo único que no variaba era la velocidad de la luz.

Así que decidieron invertir en eso. *Lightspeed* iba a ser el nuevo oro. Sí, como oro. ¿Me entienden? Cosas como el pensamiento, las explicaciones, las universidades, las cafeterías..., todo, todo respaldado por el oro. *Lightspeed* sería el discurso, pero el oro era la moneda real. O tal vez el oro era el respaldo y la información era la moneda real, y la velocidad de la luz el uso de esa moneda. Difícil de saber.

[todxs se suben a una silla de oficina, las mueven por el espacio, se desplazan rodando sobre las sillas]

MAL *[rueda a lo largo de la pared, se pega a la pared; luego empieza a pegarse a los pilares; enciende todas las luces mientras pega la espalda a cada superficie vertical]:*
Trescientos años más tarde, otro mendigo vino a ver a la Corona de Francia. La Corona de Francia estaba desesperada: había perdido demasiadas guerras contra Inglaterra y Portugal.

El nuevo mendigo tenía razón: a partir de ahora el dinero sólo sería un medio de intercambio porque, en sí mismo, el dinero no es riqueza, es sólo una conversión. ¡Shock!
La riqueza nacional dependería del comercio. Ese fue el plan.
Así que, en lugar de creer que la riqueza era oro amasado o monedas de plata,

imaginó títulos —pedazos de papel— que estarían respaldados por rentas futuras extraídas de la tierra y el trabajo agrario. En su sistema, una nueva moneda, independiente del oro y la plata, se impondría.

Convenció a la Corona y creó la *Banque Générale*, que pronto se convirtió en el Banco Real. De este modo, podían emitirse títulos que superaban con creces el contenido de las arcas reales. Aquello se extendió a una velocidad inimaginable.

LAS MEJORES INTENCIONES *[frotándose contra algún mueble]:*
Para entender el concepto de velocidad hubo que dividir el tiempo por el espacio, y el resultado de esta ecuación significó "el futuro".

MIS NECESIDADES:
Sí, al final empezaron a imprimir papel. Millones de billetes circularon tanto en el Viejo como en el Nuevo Mundo. El nuevo mendigo se convirtió en el principal accionista de la Compañía de Indias. La Luisiana le pertenecía: la compró para generar confianza en su sistema y todo el mundo empezó a invertir. Luego la vendió en acciones y el precio de éstas se disparó, apostando por el futuro desarrollo de las Américas.

TOCAFONDO *[muy tímido pero al borde de un ataque de pánico]:*
Un día, de vuelta en Europa, la gente se arremolinó para cambiar sus títulos por dinero contante y sonante que la Compañía de Indias —convertida ya en el Banco Real, es decir, en la propia Corona— nunca poseyó. El sistema se vino abajo. Desde entonces, esto ha sucedido una y otra vez.

El mendigo fue a la cárcel, pero la idea de la inflación había nacido. Nadie se preocupó demasiado de si algunos títulos seguían circulando por el Nuevo Mundo. La gente los usaba como billetes, luego como relleno de marionetas, luego como filtros de café, luego como dinero otra vez.

MIS NECESIDADES:
Por aquel entonces, Francia estaba en plena crisis.
Alguien se entusiasmó con la crisis, alguien empezó a hablar de café, a mirar la computadora, a tomar café y a apostar por el café y por la crisis todo el día. Esperábamos algo del universo.

ERROR:
El café cruzó el Atlántico en 1668, cuando alguien abrió un bar en Boston. Nadie lo declaró. Luego, en 1721, tras la burbuja del Mississippi, las plantaciones

de café se extendieron desde la Guayana Francesa hasta el noreste de Brasil. Para entonces, los genocidios, la esclavitud y la migración forzosa ya eran prácticas generalizadas y comunes en las Américas.
Esta forma de extracción produjo riqueza.

MAL *[mirando la pared, tocándola y lamiéndola, peinándola con la lengua]:*
El dinero se había expandido hasta convertirse en un concepto completo, con su propio sistema de valores, elecciones y colonias; surfeaba ríos de café.

La burbuja del Mississippi había estallado en América, pero había afectado a Europa, que a su vez había contagiado a América. Una relación de afectos regía este bucle interminable de dependencia. Luego, esta relación se reprodujo en las propias Américas, de norte a sur, afectando, extrayendo y, luego, infectando de nuevo.

[todxs ruedan bajo una mesa de cristal o caen al suelo salvo Tocafondo que mira al cielo, dejando que la luz le dé en la cara]

Fin de la escena

ESCENA 5

Contexto: *Oficina a cubículos.*

Todxs los personajes parecen agotados, como si hubieran trabajado durante mucho tiempo. Están todxs de pie en medio de cubículos. Los cubículos están llenos de montañas de papeles, tampones, sellos, hojas sueltas, impresoras que escupen hojas, etc.

En un rincón de la oficina, Defecto y Mejores intenciones están junto a la máquina de café.

MEJORES INTENCIONES:
Hola, Defecto, ¿qué onda?

DEFECTO:
¿Qué onda?

MEJORES INTENCIONES:
Defecto, ¿viniste con tu algoritmo?

DEFECTO:
No, vine con mi deuda *[muestra su sombra]*.

MEJORES INTENCIONES:
¡Defecto, teníiiiias que venir con tu algoritmo!
Es el día de "Traiga su Algoritmo al Trabajo",
¿Qué te pasa?

DEFECTO *[tono de desprecio]*:
¿Sabes qué, Mejores intenciones? Hoy en día, todo el mundo viene con su algoritmo.

MEJORES INTENCIONES:
Bueno, sí, produce las narrativas singulares que nos conforman como personas.

[pone los ojos en blanco]

Para mí... tiene más sentido.

DEFECTO:
Sí, no sé, sólo quería ver qué pasaba si, en lugar de inflación, venía con negatividad. La negatividad también es parte del proceso, ¿no?

MEJORES INTENCIONES:
OK, no voy a negar que me gusta mi deuda. Es como un árbol: crece hacia abajo. Y además ha recibido una calificación de OK, así que está asegurada, está bien.

DEFECTO:
Puedes ver mi casa desde aquí. Está sobre esa colina que ves.

MEJORES INTENCIONES:
¿Qué es todo ese alboroto? ¿Has contratado a un equipo de carpinterxs?

DEFECTO:
Esas son termitas. Les pago para que se coman la casa. Ahora mismo no puedo pagar la hipoteca.

MEJORES INTENCIONES:
¿Cómo está el café?

DEFECTO:
Está bien... nada demasiado refinado.

MIS NECESIDADES *[entra caminando lentamente con cara de depresión, cada paso es un elefante]:*
¡Un grupo de algoritmos financieros anda suelto de nuevo! Vaga por las calles, acechando a la gente. Entran en las tiendas y gritan. Sólo producen.
¿Qué dije? ¿Qué producen?
Nada. Sólo se reproducen, se inflan.
Karen los vio en el paso fronterizo el otro día. Parecen pordioserxs que gritan.

DEFECTUOSO:
Sí, muchas cosas cruzan la frontera hoy en día. No podemos controlarlas, como siempre. Ni siquiera ahora que las fronteras están por todas partes.

TOCAFONDO:
Un grupo de repartidorxs de Domino's Pizza organizó una rebelión colectiva. Se sacaron el uniforme y se pusieron a bailar. Mientras lxs repartidorxs desnudxs bailaban, se abrió una vacante: la del uniforme, porque un uniforme es un cliché erótico.

Aduanas y el Ministerio de Economía se han fusionado, por cierto. Así que sabemos todo sobre el erotismo, si consideramos al erotismo como un trabajo. Que lo es.

Lxs uniformadxs se sintieron desamparadxs y desempleadxs, y marcharon solxs a una iglesia en busca de consuelo espiritual. Cruzaron tres estados y una frontera nacional. Nadie lxs declaró.

MIS NECESIDADES:
Sé que un grupo de mendigos utilizó los uniformes y entregó pizzas en el hospital a un grupo de enfermeras en huelga. Así se superpusieron tres uniformes: el de los mendigos, el de las enfermeras y el de los propios uniformes, creando una atmósfera de excitación sexual incontrolable en el hospital. Todos los objetos y las máquinas empezaron a vibrar. Las enfermeras los utilizaban para grabarse los dientes con mensajes de huelga. Los médicos veían a las enfermeras con los dientes agujereados y les recomendaban que

fueran a ver a un buen dentista. Los médicos no se dieron cuenta de que las jerarquías habían cambiado. Nadie declaró el cambio, pero la dinámica del poder había cambiado.

MEJORES INTENCIONES:
Sabes, como todo el mundo sabe, que en sueños los dientes son la sexualidad, así que el mensaje disruptivo queda claro: desafía las estructuras y constituye, en sí mismo, la energía del poder.
Nadie declara los dientes, ni los sueños. La energía del poder está libre de impuestos.

MIS NECESIDADES:
Sí, acá también. La hormiga de la compañía de seguros de al lado declaró un agujero en la computadora. El agujero no se declara porque no sabemos cómo catalogarlo. No afecta a la integridad física de la computadora, sólo está ahí... ¡chupando datos!

TOCAFONDO *[voz que viene de lejos]:*
¿Es un agujero negro?

MIS NECESIDADES:
No, sólo es un agujero.

TOCAFONDO:
Esos van a la aduana de la deuda.

MIS NECESIDADES *[suspirando]:*
Ah, bueno. Después me fijo.
¿Cómo está el café?

DEFECTO Y MEJORES INTENCIONES *[a coro]:*
Está bien... nada demasiado refinado.

[pasan unos minutos imitando hacer tareas de oficina]

Voz en off: ¡Dientes!

TOCAFONDO *[muy nerviosx, se para sobre una mesa y golpea un termo con una cucharita para anunciar un discurso]:*
Una mujer... está enamorada de una de sus compañeras de la oficina. Habla

con ella todos los días junto a... la... cafetera, pero no sabe cómo enviarle un... er... un mensaje de amor... Así que ella... no sé cómo decirlo... ella... espera. Mientras espera, un equipo de guardias de seguridad del aeropuerto organiza una rebelión pacífica... er... pacífica... er...: en lugar de comprobar el equipaje de las personas que entran en el aeropuerto, hacen un *striptease* colectivo. Mientras los guardias de seguridad se quitan los pantalones y se cubren los genitales con sus gorras, la mujer de la oficina va al dentista... y decide grabarse el nombre de la otra mujer—de la que se ha enamorado— en sus dientes, una letra por diente.

Su amada se llama Amalia y le pide al dentista que le grabe esas letras:... a-m-a-l-i-a... Le cuesta mucho. Y le acaba creando unas caries muy poco saludables... pero a ella le parece sexy, ya que lo hizo por amor... Tal vez... un grupo de hormigas que trabajan en la oficina de al lado entran en esas caries. Circulan dentro y fuera de su organismo huésped, tallando sus encías y saliendo por las fosas nasales. La mujer encuentra a Amalia junto a la máquina de café y sonríe con los dientes llenos de hormigas. Amalia le recomienda que vaya a ver a un buen dentista. Ella no lo entiende, ni siquiera puede leer su nombre en los dientes de la mujer. Todo es un error, pero... ¿qué es un error sino una oportunidad comercial?

En la ciudad no hay dentistas, pero un mendigo merodea por la consulta. Lleva una bata de un laboratorio de análisis clínicos que encontró en la calle, y al llevar esta bata se convierte en lx dentista. Porque los uniformes son, por definición, definiciones.

El mendigo elogia el estilo de los dientes de la mujer, diciéndole que parece muy francesa. Así que ahora la mujer tiene un dentista y el mendigo tiene un trabajo. Esto crea una serie de oportunidades laborales: unx dentista necesita unx secretaria, la mujer necesita que la lleven, un taxi necesita unx taxista, y así sucesivamente. Esa es la economía.
Los dientes están ahí para mostrar riqueza.

MIS NECESIDADES *[poniéndose de pie y vistiendo un uniforme]:*
Yo diría que lxs franceses tienen mala dentadura. No lo digo como una crítica, sino como un hecho: no les interesan los dientes.

Como todo el mundo sabe, los dientes representan la sexualidad en psicología, lo que me hace pensar que lxs franceses no están muy interesados en la sexualidad, a pesar de la creencia popular. Les interesan más los cambios políticos: crear colonias, expandirse, invertir, conquistar, anexarse.

Cuando la mujer fue al dentista, Francia había tenido una revolución y luego un imperio, dejando tras de sí un proyecto que se inflaba como el universo y se reflejaba en los dientes llenos de agujeros de la mujer.

[Mis necesidades y Tocafondo se duermen de pie mientras transcurre toda esta acción, parecen agotadxs]

Fin de la escena

ESCENA 6

Materiales

- *Cartulina con la carátula "Convención de psicólogos"*
- *5 sillas en círculo*
- *5 pares de anteojos*

Todxs se acuestan boca arriba (cara al techo, ojos cerrados como si durmieran). Salen de los cubículos arrastrándose horizontalmente y hacia el fondo de la sala, donde por fin pueden abrir los ojos.

Alguien despliega una cartulina donde está escrito: "Convención de psicólogxs".

En el centro de la sala hay cinco sillas en círculo. Todxs llevan anteojos. Algunos anteojos están rotos, otros no tienen cristales. Los limpian todo el tiempo con trapitos, tirándoles aliento para empañarlos, suspirando.

MEJORES INTENCIONES:
Este es el caso de unx cliente extremadamente psicóticx llamadx Riesgo.
No, no voy a revelar su género.
¡Ok, voy a revelar su género! Es fluido, cambia todo el tiempo.
Riesgo sufre una forma aberrante de delirio animado por el optimismo. En su psicosis, se ha enamorado de Fiuture, un amigo imaginario con el que ahora formaron una familia. Fiuture y Riesgo, así como el colega de Riesgo, llamado Risk Management, que siempre está por ahí.
Creo que este paciente es esquizofrénico y se está derrumbando bajo demasiado estrés. Estrés nivel clase mundial.

MIS NECESIDADES:
¿Probaste con Voltaren? ¿Ziprasidona?

LAS MEJORES INTENCIONES:
Noooo, todo es inútil. Hasta ahora, lo único que ha funcionado es una forma muy particular de hipnosis realizada por el índice John Dow. Dicen que les relaja.

MIS NECESIDADES:
Tal vez mueran.

DEFECTO:
Yo diría que el Riesgo no es una persona, es un Activo. Un ser, no un nombre. Un personaje, no un objeto. En su delirio, Riesgo es expansivx y flexible, está hecho de pasta blanda, como Fimo.

MIS NECESIDADES:
¿Otra vez con Fimo, Defecto? Fimo todo el día.

DEFECTO:
¿Sí, Fimo? ¿Cuál es el problema si hablo de Fimo?

MAL:
El problema es que no hablas de un paciente, estás hablando de vos mismx.

DEFECTO:
¿Y es culpa mía? Los límites son borrosos hoy en día... ¿Cómo decirlo? Fimo es más que un paciente y más que una arcilla polimérica. Es más que plastilina, es... una institución. Todxs somos Fimo, todxs padecemos Fimo.
Es un concepto encarnado, o peor aún, un afecto.

MAL:
No aprendí esto en la Universidad, porque no aprendí nada. Ni siquiera estoy segurx de ser psicólogx como ustedes... Pero sí sé que vivo al lado de una fábrica de plastilina y por las noches oigo a tres trabajadorxs melancólicxs del turno nocturno.
¿Y cómo sé que están melancólicxs? Por el ritmo al que hacen sus tareas: Uno sala pescado usando sólo granos de sal gruesa. Otro sólo masca chicle. Oigo sus dientes chocar, toda la noche. La trabajadora sólo espera a que los dientes se callen, pero nunca lo hacen. El tercero sólo lame un helado. Lo

lame todo el tiempo. El helado siempre se derrite. La trabajadora siempre está preocupada.
¿Y me asustan estas implacables formas de economía?
¿Tengo miedo de salar pescado, mascar chicle o lamer helado para siempre? Sí.
¿Cómo puede alguien hacer algo para siempre?

TOCAFONDO:
Así que la semana pasada la fábrica Fimo detuvo la producción.

ERROR:
Sí, están todxs deprimidxs, por lo que no toman riesgos. Las personas que no asumen riesgos no pueden lamentar lo que no les pasa. Por eso, en Fimo el departamento de melancolía siempre está abierto. Siempre están de luto.
Y no digo esto porque sea economista —porque no lo soy—, sino porque me llamo Error, y eso dice algo. No veo a nadie que se llame Acierto ahora mismo...

TOCAFONDO:
Nadie viene nunca a verme. ¿Tan rotas tengo las gafas que nadie confía en mí? ¿Estoy tan equivocadx?

MIS NECESIDADES:
Bueno... sí... estamos en rebeldía, ya lo sabés.

MEJORES INTENCIONES:
De todos modos, este nuevx clientx es... ¿cómo decirlo? Alguien que sufre de angustia extrema... ella... él... cambia todo el tiempo. Sufre de una forma de obesidad que yo sólo describiría como poco saludable. No tiene una identidad fija. Experimenta una forma de estrés que lx lleva a boicotearse constantemente a sí mismx y, lo peor de todo, no tiene una corriente de conciencia adecuada.

DEFECTO:
¿Qué querés decir?

TOCAFONDO:
Bueno... ella es como el resultado de una relación.

DEFECTO:
¿Cómo se llama?

TOCAFONDO:
Inflación.

ERROR:
¿Cuánto cuesta la leche hoy?

MIS NECESIDADES:
Tres dólares.

TOCAFONDO:
¿Cuánto costaba ayer?
Dos pesos con cincuenta.

MAL:
¿Y cuánto antes de ayer?

ERROR:
Un dólar. ¿Sí? ¿Ahora entendés, Melancolía?

MIS NECESIDADES:
Hey, Tocafondo.

TOCAFONDO:
¿Qué?

MIS NECESIDADES:
Hey, ¿Tocafondo?

TOCAFONDO:
¿Qué?

MIS NECESIDADES:
Hey, Tocafondo

TOCAFONDO:
¿Qué?

MIS NECESIDADES:
¿Me venderías tu casa?

TOCAFONDO:
¿Qué?

MIS NECESIDADES:
¿Me venderías tu casa? Todo el mundo sabe que te van a desahuciar de todas formas.

TOCAFONDO:
¿Qué?

MIS NECESIDADES:
¡Pues sí! Todo el mundo sabe que tenés como tres hipotecas.

TOCAFONDO:
Dale... pero esperá... la compré por... 40,000 dólares... ¿Cuánto es eso ahora?... Déjame ver... ¡400,000 millones! 400,000 millones de años, ¿no?

DEFECTO *[mirando hacia otro lado]*:
¡Ahí está! Esx es tu paciente...

TOCAFONDO:
¿Oh? ¡Heyyy, Inflación! Vení aquí, tenemos *donuts.*

Fin de la escena

ESCENA 7

Materiales

- *5 gorros de policía*
- *5 palitos para selfies*

Mejores intenciones se arrastra por el suelo y se pega a las paredes. Mis necesidades da la vuelta a la pancarta de la "Convención de psicólogxs" para mostrar su otra cara, en la que se lee: "ESTACIÓN DE POLICÍA".

Estamos en una comisaría de policía. Todxs lxs personajxs llevan gorras de policía y casacas. No tienen pantalones. Sostienen palitos para selfies y golpean las mesas con ellos, como policías.

MIS NECESIDADES:
¿Eh, Mejores intenciones?

MEJORES INTENCIONES *[jadeando extrañamente, al borde de un orgasmo]:*
¿Sí?

MIS NECESIDADES:
¿Cómo estás hoy?

MEJORES INTENCIONES:
Oh, ya sabés, esperando que ocurra el crimen.

DEFECTO:
Ya sé, ¡yo también! Como que nunca pasa nada... nunca.

MAL:
Yo estoy esperando a que internet venga a instalarme la fibra óptica.

DEFECTO:
Esos son los peores, nunca vienen.

ERROR:
Ya sé. Me vuelve locx.
Y ya ni siquiera llevan uniforme. ¿Cómo hago para identificar al de la fibra óptica si viene vestido de civil? Y siempre entre las ocho de la mañana y las cuatro de la tarde... como si a esa hora yo no estuviera en la comisaría.

DEFECTO:
¿Viene desnudo?

ERROR:
¿Qué querés decir?

DEFECTO:
Dijiste que no tenía uniforme. No creo que esa gente pueda permitirse ropa.

MAL:
Por supuesto que pueden permitirse ropa, idiota. Pero en este caso, él elige venir desnudo.

MIS NECESIDADES:
Creo que los uniformes son sexys.

ERROR:
¿Conocen el origen de los uniformes?

MEJORES INTENCIONES:
¡Yo sí!

DEFECTO:
¡No, no sabés! La última vez que dijiste que sabías algo era mentira. Sólo querías promocionarte.

MEJORES INTENCIONES *[jadeando y pegado a la pared; frota el culo contra la pared y toca todo lo que ve; agarra cosas que frota contra su cuerpo; los anteojos se le deslizan hasta la punta de la nariz]*:
Bueno, es cierto, quizá no sepa nada de uniformes, pero sí tengo algo que decir sobre la fibra óptica y la mendicidad. Y me llamo Mejores intenciones para que todo el mundo sepa que vengo con las mejores intenciones.

[más lento]

Internet... Últimamente estuve pensando que las palabras *email* y *male* —que en inglés significa "macho"— se parecen y suenan igual, al menos para mí. Si todo lo que pienso entra en mi cuerpo, y mi cuerpo entra en la sociedad, ¿qué nos está diciendo eso sobre las tecnologías y la masculinidad?
Todo el mundo sabe que el idioma de la tecnología es el inglés, así que...
¿Cómo diferenciarlas si suenan igual?
Hombre, correo electrónico *[con horror]*, hombre, hambre, correos electrónicos, *mails*, esmaltes... ¡es que parecen iguales!
¿Qué puedo hacer si una cosa se parece a la otra?
Cuando Cristóbal Colón desembarcó en América, algunos habitantes estaban en la playa.

[le cambia la voz y empieza a volverse insegurx]

Lxs americanxs (me refiero a la gente que vivía en América) no contemplaban el paso del tiempo como nosotrxs. La realidad era algo telepático. Y la economía... no sé cómo describirlo porque yo no lo vi. OK, así que esta es mi historia, yo... me siento un poco insegurx acerca de mi remate porque ni

siquiera sé si es verdad.
¿Cómo podemos nombrar algo que no conocemos?
Si soy un macho... por ahora... entonces soy un conquistador.

[se pone ansiosx, el resto de lxs psicólogxs mira hacia abajo como si no quisieran responsabilizarse de su malestar]

Cuando todos aquellos machos rugientes desembarcaron de las carabelas, haciendo girar nunchakus caseros, lxs de tierra adentro sólo vieron entrar en el territorio a un montón de correos electrónicos. La leyenda dice que no se entendía lo que se veía. Es imposible usar el control fronterizo en un correo electrónico; simplemente pasa. Pero, ¿qué hacemos con un correo electrónico no identificado? Lo clasificamos como *spam*. Así eran las cosas en aquella época: la comunicación no era nuestro *forte*.

Y, un buen día —como hay muy poca diferencia entre una M y una N, y como muy poca gente sabía escribir—, un oficinista colonial cometió un error ortográfico y Nueva España se convirtió en Nuevo Spam.

MIS NECESIDADES:
Así progresaron las cosas: si deletreo la palabra *Spam* al revés obtengo *Maps*. Esto era en realidad un mapa.

DEFECTO:
¡Esperá! ¡Entonces nuestro trabajo es hacer *spam*! ¡*Spamear* a la sociedad! *Spam... spam... spam...*

MAL:
Cualquier cosa, Flan.

DEFECTO:
¡No me llames Flan! Me llamo Defecto.

MIS NECESIDADES:
Sí, pero estás todo temblorosx, como un flan.

DEFECTO:
Tal vez... No, esperá. ¿Cuál es nuestro trabajo?

ERROR:
Somos una empresa privada, contratada por el estado, que tercerizó la lucha contra el crimen y la prevención.

FALLO:
¿Qué? No, esperá, creía que éramos un órgano del Estado, como la policía.

MIS NECESIDADES:
No, por desgracia. El Estado está en bancarrota. No somos más que una empresa privada que vende sus servicios a algún órgano del Estado Federal. Eso es la policía.

DEFECTO:
Pero eso es nuevo, ¿no?

MAL:
Está así desde hace años. Los ejércitos eran, en realidad, mercenarios de aguas internacionales pagados con horas extras para servir a cualquier corona europea. Nadie se dedicaba al nacionalismo. Pero usted debería saber esto: ¿qué soy yo? ¡No soy profesorx de historia!

TOCAFONDO *[con cara de confusión]*:
¡Sí! ¿Qué somos? ¿Estudiantes? ¿De qué colegio? ¿En qué clase?

[plegar las sillas y ponerlas contra la pared, descolgar la pancarta, apagar las luces]

Fin de la escena

ESCENA 8

Las luces se encienden.

Materiales

- *Dos marionetas para ser activadas por dos participantes de la performance, hechas con medias rellenas de algodón, botones y unos palitos: FIMO y FOMO*
- *Humo*
- *Luces bajas, casi en la oscuridad*

Lugar: *Showroom de Ikea, sección mueblería para niños o similar.*

FIMO:

Cuando... cuando yo crecía en las economías liberales de los noventa, un fantasma me hizo el amor. Vino a mi habitación por la noche, mientras mis padres dormían, y despertó mi sexualidad infantil. Entraba por los bolsillos de los abrigos que colgaban detrás de la puerta y se metía en la cama, haciéndome el amor de una forma muy personal o abstracta. Todo esto ocurrió durante los años noventa.

Me llamo Fimo y soy una criatura del universo. Luzco como una persona confiable. Mira mi pelo, mira mi opacidad, mi transparencia...
Soy una versión mucho más refinada del inestable Fomo, aquí presente.

FOMO —en inglés, "miedo a perderse de algo"— es una versión obsoleta de mí mismx. Proviene de los puntos más bajos del universo. Mientras que yo... ¿me vés? ¿Yo? Represento el "miedo a seguir adelante": una versión más orgánica, melancólica y autoestablecida del FOMO burocrático, incluso cobarde. Yo no quiero avanzar. Esto es lo que me define. Mira mis músculos: suaves, como huevos. No sos nada, no tenés nada.

FOMO:

No digas eso, quiero decir, yo supe ser algo. Solía tener un nombre, una identidad. Yo era lx vástagx de una relación entre el norte y el sur. Acechaba a todo el mundo.

FIMO:

Sí... es cierto, nos hiciste sufrir a todxs. Eras como un fantasma económico y, como todo lo que da miedo nos atrae en secreto, nos hicimos adictxs a tu cuerpo de afectos. Cuando quise llamarte, tuve que invocar a los confines del universo; soplar una vibración que viajaba a la velocidad del sonido —más lenta que la luz—, desafiando los principios de localidad y realismo. Pero todo esto ocurrió antes de la pandemia. Ahora lxs dos vivimos bajo el mismo puente.

FOMO:

Sigo llamándome Fomo, pero nadie se preocupa por mí.

FIMO:

El fantasma nos traía una versión del dinero que nadie en mi familia había visto antes, y fue entonces cuando lo entendimos, porque sabíamos que nunca tendríamos dinero.

Nuestro negocio era la imaginación. Para protegernos de cualquier forma de producción, destruimos todas nuestras industrias nacionales. Envenenamos nuestra agua y contaminamos nuestro aire. Eso era más seguro. Abrimos nuestras fronteras; la vida sería un paraíso de fantasías de importación–exportación.

¡Teníamos la fantasía, éramos pura abstracción! La gente se arrancó la ropa llorando. Alguien bailó durante 15 días consecutivos. La presidencia cambió cinco veces en una semana. Durante un año le cambiaron todos los días el nombre a un país.

FOMO:
Miramos a nuestro alrededor. Todo en el país era importado o una copia casera de cosas importantes que existían en el mundo. Nuestras ropas eran todas copias truchas de Gucci, Fendi, Balenciaga, Hermès, Lacoste, Prada, Benetton, Off–White, Louis Vuitton... Las miré perplejx.
¿Acaso nos lo merecíamos?
Los precios cambiaban todo el tiempo, siempre estaban desfasados. Las calcomanías con precios empezaron a amontonarse en las tiendas, unas encima de otras. Cada día, cada hora, cada segundo los precios —y las calcomanías— eran más altos. Las pegatinas se acumularon en las paredes. Debido a la acumulación de papelitos pegados unos sobre otros y a la humedad de nuestro clima subtropical, el papel se fundió en las paredes y éstas se volvieron más gruesas, cubiertas de precios.
Las paredes empezaron a parecernos acolchadas, cada vez más acolchadas, como la celda de un manicomio. Y en ese acolchado encontramos nuestra comodidad.

[las marionetas se acuestan a dormir sobre las camitas del showroom]

FIN

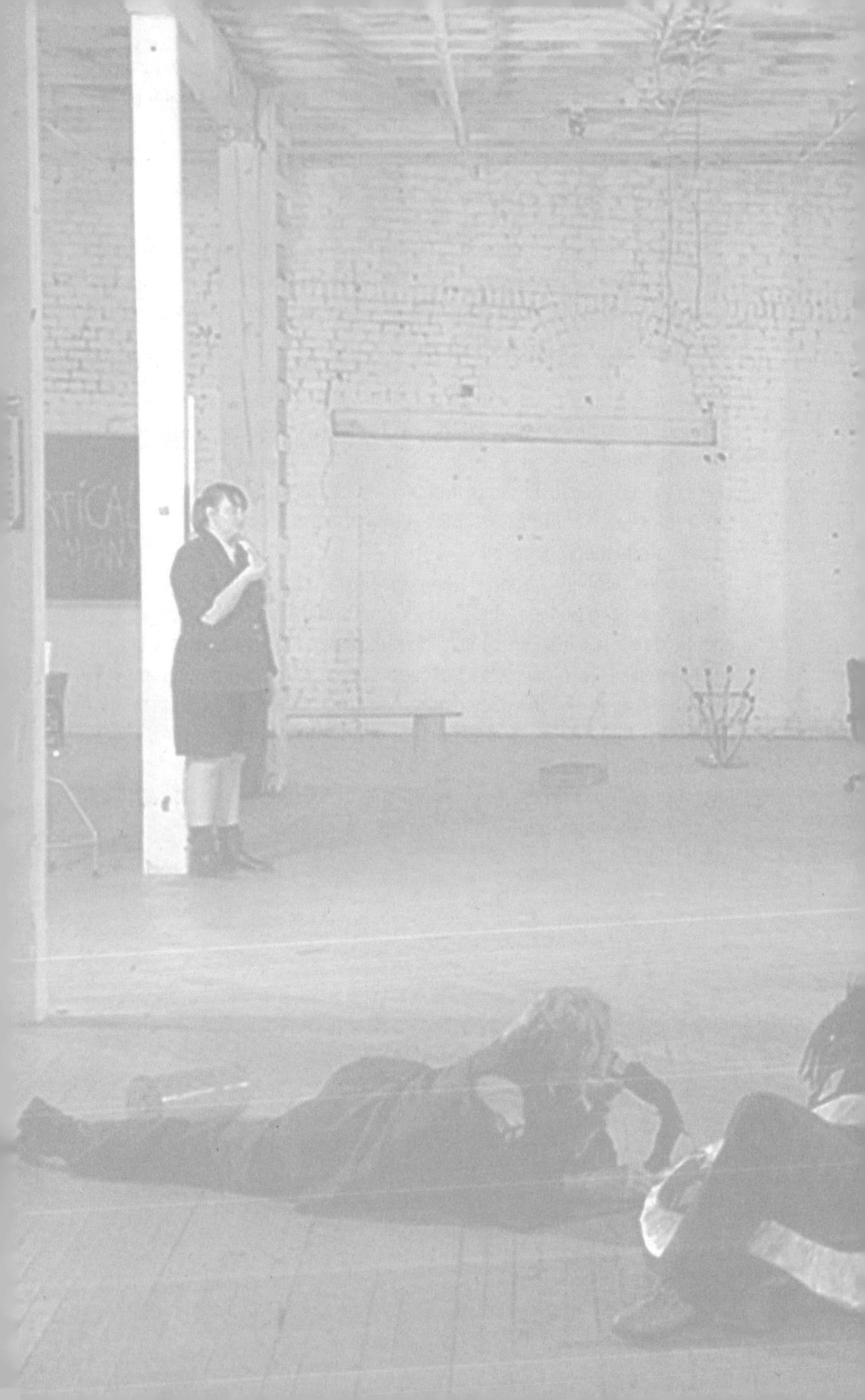

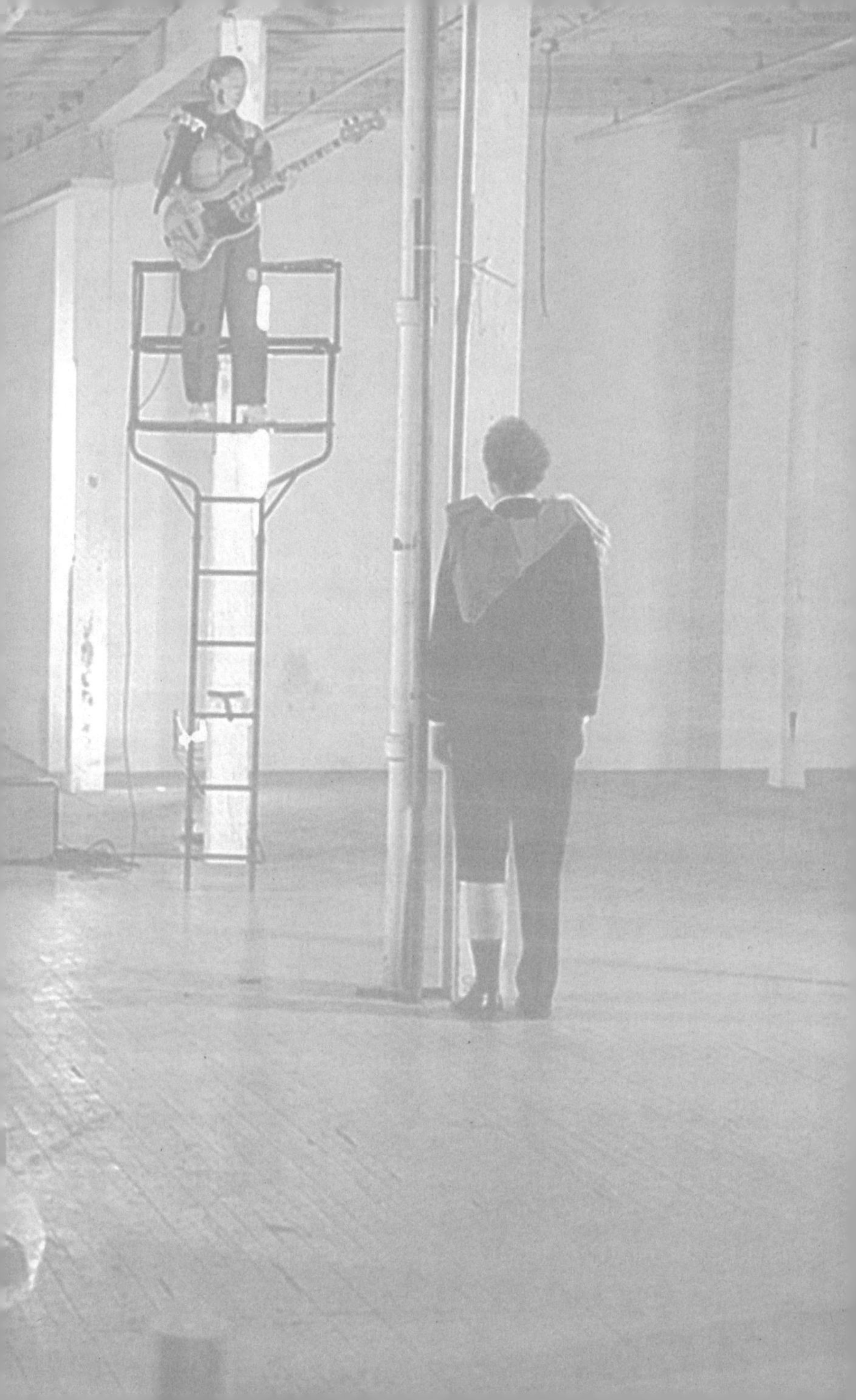

La nouvelle inflation

La nouvelle inflation a d'abord été montée comme une performance, puis est devenue un script, puis finalement un film que j'ai tourné au dernier étage d'un centre d'art de la ville d'Omaha, dans le Nebraska, aux États–Unis. Le casting est composé d'interprètes amateur·ices, qui en plus d'être acteur·ices, travaillent aussi comme infirmier·ères, gardien·nes de nuit dans une école, employé·es d'une compagnie d'assurance, secouristes et professeur·es d'arts électroniques. L'intention de la performance était de comprendre l'inflation comme un phénomène polysémique, mais également un prétexte pour faire quelque chose ensemble. Les participant·es étaient enthousiastes et voulaient jouer ; c'est donc ce que l'on a fait! Nous avons répété trois fois par semaine, les mercredis, jeudis et vendredis soirs, comme s'il s'agissait d'une pièce de théâtre scolaire ou communautaire. Nous avons ensuite filmé, monté et projeté le film.

Préparation

Une performance en 8 scènes.

Ce texte peut être adapté librement dans le showroom d'un magasin de meubles, un magasin de décoration, un espace de coworking, un commissariat, une garderie d'enfants, la salle d'attente d'un hôpital ou de n'importe quelle institution publique, mentale ou municipale.

Personnages

- MAL: Grossier·ère, mais aussi médiocre, sans émotions, provocateur·ice. A tendance à se frapper sur la poitrine ou à se frapper le torse avec la main, ce qui provoque des vibrations dans sa voix. Parfois agressif·ve, bien qu'iel ne crie jamais.

- ERREUR / DÉFAUT: Complètement déprimé·e. A un tic oculaire. Son bras se lève tout seul.

- MEILLEURES INTENTIONS: Aime les mouvements du bassin. Très sexuel·le mais aussi aliéné·e ; se frotte contre les meubles, les tables, les choses, se traîne toujours par terre. Les zones érogènes de ce personnage peuvent être localisées n'importe où : coudes, genoux, mollets, yeux. Elle changent selon le contexte.

- TOUCHE-LE-FOND: Timide, anxieux·se, a très peu confiance en soi. Se demande constamment s'iel est une bonne personne. Demande pardon très souvent dans des situations qui ne le requièrent pas.

- MES BESOINS: N'est jamais vraiment debout et adopte la forme de tout ce qu'iel touche. Adaptable, résilient·e, complaisant·e, flexible, résistant·e.

SCÈNE 1

Matériel

- *Une basse ou une guitare électrique.*
- *Une boîte d'allumettes.*

Lieu: *un bureau municipal.*

Fermer les yeux et compter jusqu'à 20 avant de commencer. On entend des pas très courts. Une respiration accélérée évoque un groupe de fourmis travaillant très rapidement.

Meilleures intentions a les yeux fermés et est debout sur une chaise ou une table. Iel a la basse ou la guitare électrique dans les mains. Iel commence un très long solo mélancolique, en répétant plusieurs fois les mêmes accords.

MEILLEURES INTENTIONS :
Ces derniers mois, nous sommes devenu·es d'excellents lave–mains.
De meilleur·es dématérialiseur·ices.
D'excellent·es distancieur·ices.
D'incroyables désinfectants.
De très bon·nes désaccélérateur·ices.
Des administrateur·ices toujours plus performant·es.
Des répétiteur·euses implacables.
De très bon·nes admirateur·ices secret
et d'extraordinaires neutraliseur·ices.
Deux particules peuvent à la fois être séparées et s'affecter mutuellement, c'est ce que nous avons déclaré.
Nous sommes devenu·es quantiques.
Nous avons défié les principes du réalisme et de la localité.
Les fluides et les anxiétés ont été coincés aux portes du contrôle frontalier.
Nous sommes devenu·es impeccablement grossier·ères,
impeccablement célibataires,
impeccablement provisoires.
L'univers est devenu notre arrière–cour
et l'espace extérieur un désert qui abrita toutes les choses dont nous n'avions plus usage.
Le corps est devenu la frontière,
et le sang la police.
Mon sang a coulé dans d'autres veines.
Les lymphocytes sont devenus nos meilleurs agents de douanes.
La nourriture n'est plus nécessaire
et l'expulsion est devenue l'expression d'espoir du corps.
Les systèmes pyramidaux sont maintenant obsolètes.
Les cercles de mandalas et les attrape–rêves aussi.

Adieu.
Adieu.

Adieu.
Adieu magasins *GoodBuy*,
Au revoir, *Black Fridays*.
Au revoir, produits Avon.
C'est un plaisir de te rencontrer, onéreuse guerre.
À jamais, fonds d'investissements.
Adieu, insouciance.
Adieu, fond de teint.
Adieu fonds verts,
fonds d'investissements.

[insiste progressivement grâce à un jeu d'accords cadencés]

Adieu, l'enthousiasme.
À jamais, résolutions du Nouvel An.
Adieu, imprimantes USB.
Finies, les attentes de la chambre noire.
Bonne chance les pompier·ères, nous n'aurons plus jamais besoin de vous.
Adieu, les communautés.
Adieu, les manifestations, émeutes, rivières, la spéculation financière.
Adieu, les œufs.
Adieu, l'infini.
Adieu, la luxure.
Adieu, la pornographie.
Adieu les mensonges, la douleur, la folie, la misère, l'alcoolisme, la désapprobation sociale,
et adieu, le langage.
Maintenant tout est permis.
Adieu, FOMO ; nous ne manquons rien d'intéressant.
Adieu, personnalités.
Adieu singularité.
Adieu, unicité.
Adieu, l'univers !
Ce fut un plaisir de ne pas faire ta connaissance !
Adieu, la fantaisie !
Au revoir, le mystère !
À jamais l'industrie !
Ciao, l'inflation.
Adieu, la récession ; on ne verra plus jamais ton visage.

Adieu, la croissance : tu n'as jamais existé, nous n'avons jamais eu besoin de toi, nous ne t'avons jamais ressenti.
Tu ne nous manques plus.

[fermant les yeux]

L'autre jour ...
L'autre jour je me suis assis·e dans un train en sens contraire de la marche, ce que je ne fais jamais. C'était le seul siège disponible et j'étais fatigué·e. « C'est comme monter dans une montagne russe temporelle » ai–je pensé. Je l'ai pensé pour me tranquilliser, parce qu'être en sens inverse me donne envie de vomir. J'ai l'estomac sensible.

J'ai commencé à regarder par la fenêtre et j'ai vu que les choses aussi bougeaient en sens inverse. D'abord, l'herbe a bougé. Elle a bougé vers la gauche et puis elle a commencé à changer : elle était verte et haute, puis de plus en plus jaune, puis de petites fleurs de lilas ont commencé à éclore, s'ouvrant et se fermant sur elles–mêmes à la vitesse du train. Une vache est alors apparue à la fenêtre du train. Elle est restée longtemps, en changeant d'état. D'abord elle était marron. Puis elle est devenue jaune, puis verte, et à la fin elle était morte.

J'ai senti une odeur de levure. J'ai ouvert la bouche, expiré et senti l'odeur de ma propre haleine. J'avais adopté un champignon à l'intérieur de mon corps et il sentait fort.

À la fenêtre, un chien aboyait derrière une clôture invisible. La clôture à son tour recula et se transforma en câble électrique. Puis le câble devint une barrière en bois qui disparut à son tour, jusqu'à ce qu'il ne reste plus que le temps. Le chien continuait d'aboyer, mais il ne ressemblait plus à un chien : il était maintenant devenu quelque chose d'étrangement familier, comme un ancêtre du chien, un canidé plus sauvage. Il continuait d'aboyer. Puis le loup s'est transformé en une chose que je n'ai pas pu nommer.

Une femme est apparue à la fenêtre, laissant apparaitre sa jambe de bois. Elle a salué le train. Elle portait des bas en laine coincés dans des sabots en bois, et une robe à manches longues boutonnée jusqu'en bas. La robe était très sale. Sa bouche était fermée mais elle parlait avec les yeux. Elle a retiré sa jambe de bois et l'a agitée dans sa main pour saluer le train. Puis elle a perdu l'équilibre, est tombée sur la fenêtre et — je suppose — a glissé sous les roues du train.

Au loin, j'ai aperçu une charrette qui avait l'air blanche et sale. J'ai pensé qu'il s'agissait probablement du tournage d'un western très réaliste.

Un fermier est apparu à la fenêtre du train : il portait des bottes, un chapeau, un jean et une veste Armani. Il avait plus l'air d'un mannequin déguisé en fermier que d'un vrai fermier. Il est resté longtemps à la fenêtre, et ses vêtements ont commencé à changer : sa veste Armani est devenue une salopette, et ses bottes en caoutchouc des bottes en cuir Tom Ford. Il a ouvert la bouche, et pendant une seconde ses dents étaient vertes. L'instant d'après, elles avaient disparu. Il était maintenant complètement nu et j'ai constaté que son corps était couvert de taches brunes. J'ai regardé fixement ses organes sexuels. Ils étaient couverts de sangsues.

Soudain, j'ai senti que mes lacets étaient défaits. Mes ongles ont commencé à cliqueter les uns contre les autres. J'ai senti mes dents s'aiguiser, comme si elles étaient un son tranchant plutôt que des dents. Un groupe de pigeons a pris son envol au moment où un coup de feu fut tiré dans le ciel. Je me suis incliné·e pour faire mes lacets. Mes chaussures étaient maintenant en cuir, cousues main — des chaussures coloniales. Ma jupe s'envolait au rythme des mouvements du train, se levait pour montrer mes genoux. J'ai essayé de la baisser, me sentant exposé·e, mais mes mains paraissaient ... vieilles ? Pas vieilles, plutôt ... usées ? Rustiques ?

J'avais de l'argent de l'époque coloniale dans les poches. Une monnaie inutile. Comment avais–je obtenu tout cet argent ? Dormait–il dans mes poches depuis plus de 400 ans ? Il représentait la liberté, ou en tout cas ce que me disaient les petites pièces en se pliant et se dépliant comme des bouches minuscules. Mais je me moquais de la liberté.

J'ai regardé par la fenêtre. Le monde était encore là, à l'extérieur, tournant autour du soleil comme il le fait chaque jour depuis 4,543 milliards d'années.

Conquérir l'Amérique paraissait juste à présent, c'était la bonne chose à faire. Mais toutes les conquêtes coloniales de l'histoire, à ma connaissance, ont eu lieu lorsque les dirigeant·es étaient totalement désespéré·es.
Suis–je un·e conquérant·e né·e ?
Je l'étais maintenant, parce que j'étais en faillite.
Je me suis demandé :
« Pourquoi est–ce lorsque nous sommes les plus brisé·es, que nous devenons les plus expansif·ves ?
Était–ce notre devoir de devenir un empire ? »

J'ai trouvé un morceau de tissu dans ma poche et j'ai commencé à l'utiliser pour frotter mon argent colonial. Mon argent, mon petit argent qui m'importait tant.

J'ai continué à regarder par la fenêtre. Tout à coup, c'était la récession, et l'économie progressait à reculons. Et comme la dette est similaire à un arbre, elle reproduit sous la terre la même forme qu'en surface.

[changement d'accords]

Dans l'univers ...
Dans l'univers, l'énergie positive indique la présence d'énergie négative.
La somme de tout est égale à zéro.
C'est comme ça que ça se passe dans l'univers.
L'univers ne comprend pas les mots comme « non » ou « jamais » ... C'est pour ça que la négativité n'est pas forcément un « non ». Elle est plutôt comme la dette : elle progresse en dessous de zéro, en formant sa propre activité.
L'univers ne comprend que la singularité.
La singularité est l'explication d'un état radical.
Un état sans temps ni espace, car ils y sont comprimés.
Alors, qu'est-ce que la singularité ?
Un autre mot pour dire positivité.
Ou électricité.
Ou subjectivité.
Ou maaaaaaaaaaaaaaaaaaaaaaaaaaaaaaaaaaaaaaaaaaaaaagnétisme.
Dans l'univers, la négativité n'existe pas. Parce que, pour l'univers, tout ce qui existe dans le langage est matière.
Et tout ce qui existe en tant que matière, y compris la matière noire, est ... une opportunité commerciale.

[Meilleures intentions se jette au sol]

[Mes besoins et Touche-le-fond sont assis·es par terre dans une position étrange. Iels ont l'air appuyé·es sur leurs coudes]

MES BESOINS :
Bonjour, Sheila.

TOUCHE-LE-FOND :
Bonjour, Déborah.

MES BESOINS :
Bonjour, Susan.

TOUCHE-LE-FOND :
Bonjour, Clorindha.

MES BESOINS :
Bonjour, Selma.

TOUCHE-LE-FOND :
Bonjour, Rhonda.

MES BESOINS :
Ciao, Gina.

TOUCHE-LE-FOND :
Bonjour, Esther.

MES BESOINS :
Bienvenue, Barbara.

TOUCHE-LE-FOND :
Qu'est-ce que tu as grossi, Clémence !

MES BESOINS :
Tu as l'air triste, Véronica

TOUCHE-LE-FOND :
Prends la carte American Express, Laura.

MES BESOINS :
Salut, Fantaisie.

TOUCHE-LE-FOND :
Comment tu vas, Céleste ?

MES BESOINS :
Bonjour, Monique.

TOUCHE-LE-FOND :
Bonjour, Diane.

MES BESOINS :
Mon flacon de parfum mesure 150 cm d'épaisseur...
Je suis riche.
Mais une pauvre femme est venue et l'a appelé une petite éprouvette.
Alors je l'ai tuée.
Pour la tuer, j'ai utilisé une mandoline
et j'ai entouré le bout de chacun de ses doigts avec les cordes.

TOUCHE-LE-FOND :
Cela devait ressembler à un châtiment style Renaissance, ou de torture. Et comme n'importe quel outil de torture, le but de cette invention est d'obtenir des gens une honnête confession.

MES BESOINS :
Après sa mort, elle a confessé avoir été jalouse.
De ma richesse et de mon flacon de parfum.
J'ai donc caché son corps derrière un miroir.
« Chaque fois que je me regarderai dans ce miroir, ai-je pensé,
je me rappellerai de ma monstruosité. »
Mais une mèche de cheveux dépassait derrière le miroir et,
après l'avoir isolée, j'étais si troublé·e que j'en ai oublié à qui appartenaient ces cheveux.
Maintenant, quand je me regarde dans le miroir, je pense à l'industrie capillaire,
aux faux ongles,
aux flacons de parfums chers.
Mais je ne me rappelle jamais de ma propre monstruosité.

TOUCHE-LE-FOND :
Et comment sait-on qu'ils sont différents ?
Les ongles, des cheveux, des flacons ?
Par l'intensité avec laquelle leurs générations ont traversé le temps.
Les ongles ont survécu et bu du lait infantile.
Les mèches de cheveux ont bu du whisky et ont essayé d'aller de l'avant.
Les parfums n'ont rien bu et n'ont rien transmis à aucune génération : mais moi je vis à côté d'une centrale nucléaire et d'une usine de composants

électroniques où ne travaillent que des femmes. Et je le sais, parce qu'elles passent du temps ensemble la nuit, à parler de l'odeur des gens riches.

[Touche–le–fond se lève et commence à marcher ; iel se dirige vers Mal, qui est à moitié endormi·e sur une chaise, et lui parle à l'oreille pour le·a réveiller]

TOUCHE-LE-FOND :
Tu sais ce qu'est la matière noire ? C'est environ 80 % de la matière non déclarée de l'univers. Elle est transparente, inoffensive, et elle est partout.
On peut la sentir dans la pesanteur et dans les changements de vitesse orbitale.
Elle est aussi présente dans nos corps,
par centaines !
Non, attends,
pas par centaines,
mmmh ... par milliers de ... particules de matière noire ... mmmh ... qui passent par l'œsophage et par la bouche ...
Dans la distance entre nos deux corps ... mmmh ... Je dirais même qu'elle définit la distance même.
Elle est si négative, que c'est quelque chose ... c'est ... c'est un capital négatif !

[Touche–le–fond ferme les yeux, iel commence à se cogner doucement la tête contre le mur et compte jusqu'à dix]

Fin de la scène

SCÈNE 2

À jouer dans un couloir large. C'est dommage, mais c'est comme ça !

Matériel

- *Une harpe bricolée avec des tubes en néon.*
- *Une casquette de police.*
- *Une trompette.*

On entend un t-t-t-t-t-t-t-t-t-t-t-t-t-t-t-t-t-t-t-t-t-t-t-t-t-t-t prolongé (environ 40 secondes).

Voix off : "Café auto–victimisant".

Défaut et Mes besoins entrent sur scène. Iels caressent la harpe bricolée avec de nombreux tubes de néon.

Mes besoins est contorsionné·e autour des tubes.

ERREUR :
Mes besoins ?

MES BESOINS :
Quoi ?

ERREUR :
Mes besoins ?

MES BESOINS :
Quoi.

ERREUR : *[en baillant]*
Tu veux que je t'invite à exposer ?

MES BESOINS :
Quoi ?

ERREUR :
Tu veux une exposition ? Je travaille pour une institution artistique maintenant, je suis commissaire affilié·e. Il faut urgemment qu'on discute, je veux t'embaucher le plus vite possible pour réaliser une exposition à la Société des Amériques.

MES BESOINS :
Oh mon Dieu! Oui ! Oui, bien sûr que je veux !

ERREUR :
Bon, alors c'est très important qu'on discute le plus tôt possible.
Je t'appelle ce week–end pour te parler du projet.

MES BESOINS :
Mais je suis disponible dès maintenant, on peut en parler tout de suite si tu veux.

ERREUR :
Ah oui ? Je ne sais pas, je crois qu'il faut que je programme un rendez-vous pour bien faire les choses. Tu es libre ce week-end ?

MES BESOINS :
Bien sûr ! Je vais annuler tous mes plans et je serai disponible tout le week-end. Appelle-moi quand tu veux !

MAL : *[faisant face au mur, fait ce bruit pendant 20 secondes en cliquetant la langue]*
t-t-t-t-t-t-t-t-t-t-t-t-t-t-t-t-t-t-t-t-t-t-t-t-t-t-t-t-t-t-t-t-t-t-t-t-t-t-t-t-t-t-t-t-t-t-t-t-t-t-t-t-t-t-t-t-t

[Tout le monde tombe par terre; tout le monde se lève à nouveau; tous·tes tombent à nouveau. Répéter sept fois]

MES BESOINS : *[très silencieux·se, toujours dans son coin]*
Salut ! Défaut ? Je voulais juste te dire ... Tu ne m'as pas appelé·e ce week-end, mais j'imagine que tu dois être super occupé·e, donc je comprends tout à fait. Je suis disponible aujourd'hui si tu veux discuter.

ERREUR : *[au loin, parlant aussi au mur]*
Super ! Quand est-ce que j'aurais un créneau pour toi ? Mmmmh ... Là tout de suite c'est compliqué, je suis débordé·e avec tous les trucs du travail et la famille ... Je t'appelle ce week-end.

[Personne ne parle, tout est silencieux pendant une minute. Personne ne bouge. On entend une armée de fourmis en marche]

MES BESOINS : *[très affligé·e et sur un ton plus aigu]*
Salut, Défaut ? Pardon, je veux dire, Erreur ? Je voulais juste te dire que j'ai beaucoup aimé ton dernier post sur les manières de commenter les récits universels. Et sinon, j'attends toujours ton appel.
Ça t'irait qu'on discute cette semaine, ce mois-ci ou le prochain ?

[silence aigu]

MES BESOINS : *[encore plus affligé·e et sur un ton très aigu]*
Salut, Défauuut ? Je voulais juste te dire que j'ai vraiment aimé ton dernier post et tout ça. J'attends toujours ton appel.
Ça t'irait qu'on discute cette semaine, ce mois-ci ou le prochain ?

MES BESOINS : *[d'une voix très aiguë et pleine d'excuses]*
Allô, Défaut ? Je voulais juste te dire que ton dernier post m'a beaucoup plu, et j'attends toujours que tu m'appelles.
Tu crois qu'on pourrait parler cette semaine, ce mois–ci ou le mois prochain ?

ERREUR :
Bien sûr, c'est juste que je suis très occupé·e là, mais je comprends que tu aies besoin de parler avec moi, donc j'essaierai de t'accorder une minute ou deux vers minuit. Je ne sais pas. Là tout de suite je n'ai pas trop le temps pour toi. De quoi voulais–tu parler ?

MES BESOINS :
Mais c'est toi qui m'a contacté·e, tu te rappelles ?

ERREUR :
C'est–à–dire que *je ne sais pas* quand je pourrais te trouver un moment ... là tout de suite ... je ne peux pas. Laisse–moi voir et je te recontacte.

[Erreur tombe par terre et roule sous une table en verre où iel commence à allumer et éteindre la harpe en néon qu'iel tient encore dans la main]

[Mes besoins reste au même endroit et Meilleures intentions va à sa rencontre. Iels parlent face au mur, et non l'un·e avec l'autre. Ils reprennent une conversation déjà commencée.]

MEILLEURES INTENTIONS :
Tu vois, toutes les semaines il y a un groupe qui se réunit pour évaluer son rendement hebdomadaire. Tous les membres sont des femmes et des chiens, donc l'ambiance est très amicale, comme tu t'imagines. Elles vendent des produits Avon. Elles font du porte à porte et ce genre de trucs. Elles réalisent beaucoup de ventes dans ces réunions hebdomadaires. Moi, je cherchais un job. J'y suis allé·e parce que je suis célibataire et le pilier de ma famille, je fais tout, et tout ça, donc j'ai dû faire preuve d'... auto–empouvoirement, tu vois ...

MES BESOINS : *[complètement contorsionné·e contre le mur]*
Oui, j'y suis allé·e la semaine dernière. Ce système s'appelle *marketing direct*, c'est un genre d'économie précaire pour femmes. Elles achètent des produits et puis elles les revendent. Certains disent que c'est une arnaque pyramidale, mais pour moi c'est du désir à l'état pur, parce que tout le monde veut avoir les produits. Une forme de marketing sauvage, indépendant, naturel, qui n'a pas

besoin d'intermédiaires, ni de médiateur·ices, ni de serveur·ses, ni de fourchette entre la bouche et les aliments.

MEILLEURES INTENTIONS : *[frotte un dépliant de promotions de supermarché contre sa poitrine]*
Les femmes s'assoient en cercle et caressent les produits Avon. Elles se frottent le ventre avec les bords en plastique des bouteilles et des pots, elles ferment les yeux et elles pressent leurs lèvres contre les boîtes en carton, elles partagent leurs fantasmes et elles font circuler les produits et l'argent dans un échange réciproque.

MES BESOINS :
À un moment donné, elles découvrent que les clientes sont aussi les vendeuses.

MEILLEURES INTENTIONS :
Mais au lieu de représenter un problème, cela devient plutôt une énergie circulaire d'achat et de vente, de vente et d'achat. Et donc de l'énergie, oui. On t'a bien décrit les choses telles quelles.

MES BESOINS :
Oui ...! C'est comme ça ... Pas vrai ? Les produits se frottent, se caressent, s'érodent. Tout ce frottement commence à ressembler à une forme d'économie. Et les femmes et les chiens continuent de se frotter contre les produits Avon, qui se revendent, s'achètent et se revendent ...

MEILLEURES INTENTIONS : *[en frottant un dépliant ouvert contre sa cuisse, et s'interrompant comme s'iel venait d'avoir une révélation]*
Et à chaque transaction le produit diminue un peu plus et les excédents continuent de chuter.

MES BESOINS :
Elles font ça toute la nuit, en autarcie totale, jusqu'à ce que les produits dégringolent tellement qu'ils finissent par disparaître. Ils se transforment en numéros négatifs et les commissions continuent de diminuer.

Le jour où j'y suis allé·e, je me suis occupé·e de tous les petits fours, mais pas des boissons, et on a eu soif. Des fils de salive nous tombaient de la bouche pendant que les produits négatifs d'Avon continuaient de générer des bénéfices. C'est comme ça qu'est née une nouvelle forme de marketing direct, une version beaucoup plus nucléaire, qui n'a pas besoin d'objets pour exister. Ça a eu beaucoup de succès : les produits Avon ont complètement disparu, mais ils ont continué de générer des bénéfices. Pourquoi ? Parce qu'ils étaient désormais *matière noire*. Ce n'est pas de la physique, c'est du commerce.

[Mes besoins se dirige vers la cafetière et se sert un café. Iel regarde dans le vide]

[on entend un solo de trompette de Touche-le-fond, assis·e sur une table en métal et portant une casquette de police]

Fin de la scène

SCÈNE 3

Matériel

- *Un showroom de meubles ou un magasin Home Depot.*
- *Une trompette.*

Voix off : Caféééé.

Touche-le-fond continue son solo de trompette pendant un moment, très sexy et mélancolique, jusqu'à ce qu'iel manque d'air. Iel commence à parler sur un ton nerveux, en touchant tous les meubles.

TOUCHE-LE-FOND :
Si je regarde de près, en fermant à moitié les yeux, je peux voir une mendiant·e dans le coin de la pièce, avec des sacs poubelles en guise de chaussures, un ballon de football à la place de la tête et une paire de gants de cuisine à la place des mains, chacun tenant chacune une tasse de café. Si vous me posiez la question, je dirais qu'il s'agit évidemment d'une déclaration de mode et non de pauvreté. Son corps mou est fait de terre. Si mou qu'il ressemble à un muscle. Si démocratique qu'il vient des régions les plus éloignées de l'univers. Et si mystérieux qu'il roule dans les rivières de la spéculation financière.

[pendant qu'iel parle, Touche-le-fond change de tenue; sous son uniforme, iel porte une chemise, une veste de costume sans pantalon et des talons hauts]

TOUCHE-LE-FOND :
Le·a mendiant·a tend la main et la tasse de café tombe au sol.
Que regarde-t-iel ? Qu'attend-iel ? Est-ce qu'iel me regarde ?

S'iel me regarde, je vais me sentir obligé·e de lui dire « tu me plais » et il me dira « je suis comme toi », ce qui n'aidera pas à atténuer la confusion.
Je ne saurais pas s'iel veut dire par là que je lui plais ou qu'il est moi. Comment le savoir ? Les limites sont très floues de nos jours.

[sur un ton de plus en plus nerveux]

Ou peut-être que par plaire iel voulait dire sucer ou lécher — qui sont des concepts plus érotiques — et tout le monde sait que ce qui est érotique est en réalité ésotérique, c'est presque pareil !
Pourquoi ? Parce que l'ésotérisme est le savoir qui vient de l'intérieur. Et qu'est-ce qui est érotique ?
Des exemples, s'il vous plaît ... C'est toujours les mêmes choses : le pouvoir, la publicité des banques, les compagnies d'assurances, les distributeurs automatiques. Tout le savoir qui vient de l'intérieur.

MES BESOINS :
Non, mais attends, tu es en train de décrire l'économie, là. Ça ne veut rien dire.

TOUCHE-LE-FOND : *[très fatigué·e, en baillant]*
Et oui ... Ces dernières années nous sommes devenus excellent·es en érotisme, parce que nous étions déjà excellent·es en économie. C'était ça notre singularité.

MES BESOINS : *[d'un air confus]*
Attends, tu m'as dit que c'était quoi, déjà, la singularité ?

MEILLEURES INTENTIONS : *[entre en glissant sur une petite table à roulettes métallique]*
Mmmmm ... Je dirais que c'est la capacité d'un corps à atteindre sa propre auto-accélération, autrement dit à s'auto-capitaliser.

ERREUR : *[en se détachant du mur]*
Non. C'est un endroit de l'univers où les lois physiques sont indiscernables les unes des autres, et où l'espace et le temps sont des réalités interconnectées. Elles se fusionnent et acquièrent un sens commun.

MEILLEURES INTENTIONS :
Pour moi, avant d'exploser, l'univers n'était que pure singularité. Maintenant, en plus d'être la peur que les machines dominent l'humanité, la singularité est aussi présente dans les affaires et dans l'art. Elle signifie : originalité, être à part, un·e sujet·e solitaire. Être singulièr·e, ne pas avoir de pluriel. Comme moi, tu me vois moi ?

MAL :
Moi, avant, j'étais un·e sujet·e !

ERREUR : *[levant les yeux au ciel]*
Oui, on l'a tous·tes été ...

MAL:
J'étais un·e sujet·e de Cléopâtre !

TOUCHE-LE-FOND : *[étirant la jambe dans un mouvement incertain et compulsif répété]*
Cela supposerait que la singularité soit transmise au fil du temps à la même personne, encore et encore. Ce dont je doute ...
Je veux dire, je ne suis pas le·a même sujet·e que cellui qui apporta cet œuf à la reine de Castille.

ERREUR :
Comment peux-tu l'ignorer ? Tu sais pourtant que les corps se mélangent lorsqu'ils sont en vie et lorsqu'ils meurent, comme l'énergie lorsqu'elle se heurte à quelque chose. C'est comme quand le temps et l'espace entrent en collision dans une dimension unilatérale : ça s'appelle la subjectivité.

DÉFAUT / ERREUR :
Je croyais que tu avais dit que ça s'appelait la singularité.

MEILLEURS INTENTIONS :
Oui, c'est comme la singularité mais avec une dimension politique, ça veut dire que tu es à la fois sujet·e de quelque chose et sujet·e *à* quelque chose. Tu comprends ?

ERREUR :
Oui, mais je croyais que tu avais dit que la singularité transcende le temps ...

MES BESOINS :
Non ! Iel a dit que la subjectivité *dépasse* le temps, et cela justifie n'importe quelle forme d'occupation !
L'argument est plus ou moins le suivant : comme je suis déjà occupé·e depuis des centaines d'années par les singularités d'autrui, donc je suis la même personne depuis des temps immémoriaux.

ERREUR :
Myneeds, ça n'a aucun sens.

TOUCHE-LE-FOND :
Pour moi ça en a. Si tout ce que je vois entre dans mon corps par l'acte de la vue, je sais donc que je deviens tout ce que je vois. J'ai vu le·a mendiant·e et iel m'a plu, donc j'ai commencé à le·a lécher. J'ai léché ses vêtements, ses chaussures et la saleté de ses yeux. Parce qu'iel m'a plu et que je l'ai léché·e : je suis donc devenu·e ce·tte mendiant·e et iel est devenu moi. Ce·tte mendiant·e, c'était moi !

Tout le monde sait que la mendicité est, par définition, l'entreprise la plus prospère dans l'art de gouverner. Je n'ai plus eu besoin de chercher un travail ou de l'apprécier. Je devenais le travail ! Mendier pouvait être ma vie. Car mendier, c'est saisir tout ce qui se présente comme ressource. Je pouvais me relaxer et boire du café toute la journée, le travail se réglerait tout seul. Ma mendicité deviendrait un flux d'économies formelles et informelles, si étroit qu'il n'y aurait plus de séparation entre une première et une seconde réalité. Ce qui importait vraiment, c'était l'esthétique.
Le café *et* le travail.
Et par *et*, je veux dire *être*, « café être travail ».

ERREUR : *[se frappant la cuisse comme s'iel se rappelait tout à coup de quelque chose]*
C'est vrai ! Quand j'utilise une préposition, je suis une préposition, il y a une fusion.

[les lumières s'éteignent]

Fin de la scène

SCÈNE 4

Voix off : Caféééééé.

Les lumières s'allument. Le même espace meublé apparaît.

ERREUR : */en susurrant à une cannette de Pepsi Light posée par terre/*
Uhhhmmmmmmmmmm.
Yyyeeeeeeeeesssmmmmmmmmmmmmmmhhhhhhaaaaaaa.
Cinq cents ans plus tôt, un mendiant apporta un œuf à la reine de Castille. L'œuf symbolisait la forme de la Terre, qui était ronde. Cela ne parut pas si évident pour la reine de Castille, qui regarda l'homme avec perplexité, comme s'il souffrait de troubles mentaux. Pour elle, la Terre était une superficie plane et dure, vissée sur des carapaces de tortues, dressées elles-mêmes sur des dos d'éléphants. Iels ne sont donc pas parvenus à un accord. Mais l'œuf était surtout là pour signifier une opportunité commerciale : le mendiant voulait arriver à l'est en voyageant par l'ouest.

Ça te paraît fou ? Ça l'était ! Pour illustrer ses intentions, il écrasa l'œuf contre la table. Et comment je le sais ? Car ce mendiant, c'était Christophe Colomb, et parce que j'ai vu cette scène dans un film biographique. C'est dans un film, okay ? Réalisé par John Glenn. La seule chose que ce mendiant ignorait, c'est que sur son chemin allait s'interposer un nouveau continent.

ERREUR :
Oui, mais est-ce que ça représentait un problème ? Une si petite erreur allait-elle devenir un obstacle au commerce ? Jamais. C'est comme cela que, se noyant dans les négociations, on décida d'appeler ce lieu et ses habitant·es *Les Indes*.

MAL : */en se traînant par terre/*
Pour les conquérants des Indes, toutes les formes de vie étaient complexes, ni vraies ni fausses. Elles étaient toutes interconnectées, parce que chaque nom était la conséquence de l'autre, et que les choses n'avaient pas de formes permanentes, elles changeaient tout le temps. Et on observait la même chose avec les noms propres et le sens des noms communs.

MEILLEURES INTENTIONS : */en frappant du talon le sol de façon répétée/*
Oui, c'est pour ça que je pense qu'ils avaient besoin d'une valeur pérenne, quelque chose qui ne changerait jamais, indépendamment de l'état des choses. Ils regardèrent vers le ciel et ils virent que, dans l'univers, tout était relatif. La

seule chose invariable était la vitesse de la lumière.

C'est comme ça qu'ils décidèrent d'investir dans cette valeur. *Lightspeed*. Cela allait devenir leur nouvel or. Oui, comme de l'or. Vous me comprenez ? Des choses comme les idées, les explications, les universités, les cafétérias ..., tout, tout s'appuyait sur l'or. *Lightspeed* est le discours, mais l'or est la monnaie réelle. Ou peut–être que l'or était une garantie et que l'information était la monnaie réelle, et la vitesse de la lumière l'utilisation de cette monnaie.
Difficile de trancher.

[tous·tes montent sur des chaises de bureau et se déplacent dans l'espace en roulant sur les chaises]

MAL : *[roule le long du mur, puis se colle au mur et aux piliers, allume toutes les lumières et colle son dos à toutes les surfaces verticales]*
Trois cents ans plus tard, un autre mendiant vint s'entretenir avec la Couronne de France. Le royaume avait perdu de nombreuses guerres contre l'Angleterre et le Portugal, et la Couronne de France était désespérée.

Les dires du nouveau mendiant étaient vrais : à partir de ce moment, l'argent ne serait plus qu'une monnaie d'échange, car il n'était qu'un moyen de conversion, et non une richesse en lui–même. Choc !
Dorénavant, la richesse nationale dépendrait donc du commerce.
C'était le plan.
Ainsi, au lieu de croire que l'or ou les monnaies d'argent représentaient de la richesse, il imagina des titres — des morceaux de papiers — qui pourraient s'appuyer sur de futures rentes extraites de la terre et du travail agraire. Une nouvelle monnaie, indépendante de l'or et de l'argent, s'imposerait au sein de ce nouveau système.

Il convainquit la Couronne et créa la Banque Générale, qui deviendrait très vite la Banque Royale. De cette façon, on pouvait émettre des titres dépassant largement le contenu des coffres royaux. Cette pratique s'étendit à une vitesse inimaginable.

MEILLEURES INTENTIONS : *[en se frottant contre un meuble]*
Pour comprendre le concept de vitesse, il fallut diviser le temps par l'espace, et le résultat de cette équation fut « le futur ».

MES BESOINS :
Oui, et on imprima finalement du papier. Des millions de billets commencèrent à circuler, dans le Vieux comme dans le Nouveau Monde. Le nouveau mendiant devint l'actionnaire principal de la Compagnie des Indes. La Louisiane lui appartenait ; il l'avait achetée afin de renforcer la confiance dans son système. Bientôt, tout le monde commença à investir. Puis il vendit la Louisiane en actions, et son prix s'envola, dans un pari pour le développement futur des Amériques.

TOUCHE-LE-FOND : *[très timide mais au bord d'une crise de panique]*
De retour en Europe, tout le monde s'activa pour échanger ses titres contre de l'argent comptant, que la Compagnie des Indes — désormais Banque Royale (c'est-à-dire la Couronne) — n'avait jamais possédé. Le système s'effondra. Cette situation s'est depuis reproduite de nombreuses fois.

Le mendiant fut mis en prison, mais l'idée de l'inflation était née. Personne ne se préoccupa beaucoup de savoir si certains de ces titres étaient toujours en circulation dans le Nouveau Monde. Les gens les utilisaient comme billets, puis comme rembourrage pour les marionnettes, puis comme filtres à café, puis, à nouveau, comme argent.

MES BESOINS :
La France était donc en pleine crise.
Quelqu'un·e s'en réjouit. Quelqu'un·e commença à parler de café, à regarder son ordinateur, à boire du café, à miser sur le café et sur la crise toute la journée. On attendait un signe de l'univers.

ERREUR :
Le café traversa l'Atlantique pour la première fois en 1668, à l'occasion de l'ouverture d'un bar à Boston. Personne ne le déclara. Puis, en 1721, en marge de la crise de la bulle du Mississippi, les plantations de café s'étendirent de la Guyane française jusqu'au Nord-Est du Brésil. À cette époque, les génocides, l'esclavage et la migration forcée étaient déjà des pratiques normales et courantes dans les Amériques.
Cette forme d'extraction produisit beaucoup de richesses.

MAL : *[regardant le mur, le touchant et le léchant, le peignant avec la langue]*
L'argent s'était développé jusqu'à devenir un concept complet, avec son propre système de valeurs, d'élections, de colonies ; on surfait sur des fleuves de café.

La bulle du Mississippi explosa d'abord en Amérique, mais elle affecta aussi l'Europe, qui plus tard contamina à son tour l'Amérique. Une relation d'affects régissait cette boucle interminable d'interdépendances. Cette relation se reproduisit à l'intérieur même des Amériques, du Nord au Sud, affectant, extrayant et infectant de nouveau.

[tous·tes roulent sous des tables en verre ou se laissent tomber au sol, à l'exception de Touche–le–fond, qui regarde vers le haut en laissant la lumière lui éclairer le visage]

Fin de la scène

SCÈNE 5

Lieu : *Bureaux à cloisons.*

Les personnages semblent épuisé·es, comme s'iels avaient travaillé pendant longtemps. Iels sont debout au milieu de leurs cubicules. Les cubicules sont remplis de montagnes de papiers, de tampons à encre, d'imprimantes qui crachent des feuilles, etc.

Dans un coin du bureau, Défaut et Meilleures intentions se trouvent à côté de la machine à café.

MEILLEURES INTENTIONS :
Salut Défaut, ça va ?

DÉFAUT :
Ça va ?

MEILLEURES INTENTIONS :
Tu es venu·e avec ton algorithme ?

DÉFAUT :
Non, je suis venu·e avec ma dette *[montre son ombre du doigt]*.

MEILLEURES INTENTIONS :
Défaut, il fallait venir avec ton algoriiiithme !
Aujourd'hui c'est le jour « Emmenez Votre Algorithme Au Travail », qu'est–ce qui t'arrive ?

DÉFAUT : *[sur un ton méprisant]*
Tu sais quoi, Meilleures intentions ? De nos jours, tout le monde vient de toute façon avec son algorithme.

MEILLEURES INTENTIONS :
Bon, d'accord, ils produisent les récits singuliers qui nous composent en tant que personnes.

[lève les yeux au ciel]

Mais pour moi ... ça a du sens.

DÉFAUT :
Hum, je sais pas, je voulais juste voir ce qui se passerait si je venais avec de la négativité au lieu de l'inflation. La négativité fait aussi partie du processus, non ?

MEILLEURES INTENTIONS :
Ok, je ne vais pas te mentir, j'aime bien ma dette. C'est comme un arbre, elle pousse aussi vers le bas. En plus, elle a reçu la note *OK*, donc elle est assurée, c'est pas mal.

DÉFAUT :
D'ici tu peux voir ma maison. Elle est sur cette colline que tu vois, là-bas.

MEILLEURES INTENTIONS :
C'est quoi tout ce désordre ? Tu as embauché une équipe de menuiserie ?

DÉFAUT :
Ça, ce sont des termites. Je les paie pour qu'elles mangent la maison. En ce moment je n'ai pas assez pour payer l'hypothèque.

MEILLEURES INTENTIONS :
Et comment est le café ?

DÉFAUT :
Ça va ... Rien de très raffiné.

MES BESOINS : *[entre, marche lentement avec un visage déprimé, chacun de ses pas est lourd comme un éléphant]*

Un groupe d'algorithmes financiers est à nouveau en fuite ! Iels errent dans les rues et attaquent les passants. Iels entrent dans les magasins et crient. Iels ne font que produire.
Qu'est-ce que j'ai dit ? Qu'est-ce qu'iels produisent ?
Non, rien, iels se reproduisent, iels augmentent.
Karen les a vu·es au poste de frontière l'autre jour. Iels ressemblent à des mendiant·es qui hurlent.

DÉFECTUEUX·SE:
Oui, beaucoup de choses passent la frontière en ce moment. On ne peut pas les contrôler, comme toujours, alors même qu'il y a des frontières partout désormais.

TOUCHE-LE-FOND :
Un groupe de livreur·euses de Domino's Pizza a organisé une rébellion collective. Iels ont retiré leurs uniformes et iels se sont mis à danser. Pendant que les livreur·euses nu·es dansaient, un poste s'est libéré : celui de l'uniforme, parce que les uniformes sont un cliché érotique.

Les douanes et le Ministère de l'Économie ont fusionné, d'ailleurs. Et on sait tout de l'érotisme, si on considère celui-ci comme un travail. Ce qu'il est.

Les uniformes se sentaient désemparé·es sans emploi, iels ont marché tout·es seul·es jusqu'à une église à la recherche de conseils spirituels. Iels ont traversé trois départements et une frontière nationale. Personne ne les a déclaré·es.

MES BESOINS :
Je sais qu'un groupe de mendiant·es a utilisé les uniformes pour livrer des pizzas dans un hôpital à un groupe d'infirmier·ères en grève. Trois uniformes se sont ainsi superposés : celui des mendiant·es, celui des infirmier·ères et celui des livreur·euses, créant ainsi une atmosphère d'excitation sexuelle incontrôlable dans l'hôpital. Tous les objets et les machines ont commencé à vibrer, les docteur·es voyaient les infirmier·ères avec des dents trouées et leur recommandaient d'aller voir un bon dentiste. Les docteur·es ne se sont pas rendu compte que les hiérarchies avaient changé ; personne ne déclara le changement, mais la dynamique de pouvoir était différente.

MEILLEURES INTENTIONS :
Tu dois savoir, comme tout le monde, que dans les rêves les dents symbolisent la sexualité, donc dans ce cas le message disruptif est clair : il défie les structures et constitue en lui-même l'énergie du pouvoir.

Personne n'a déclaré les dents, ni les rêves. L'énergie du pouvoir est libre d'impôt.

MES BESOINS :
Oui, ici aussi. La fourmi de la compagnie d'assurance d'à côté a déclaré un trou dans l'ordinateur. Mais le trou ne se déclare pas, parce qu'on ne sait pas comment le cataloguer. Il n'affecte pas l'intégrité physique de l'ordinateur, il est juste là, à aspirer des données !

TOUCHE-LE-FOND : *[d'une voix qui vient de loin]*
C'est un trou noir ?

MES BESOINS :
Non, juste un trou.

TOUCHE-LE-FOND :
Ceux-là, ils vont à la douane de la dette.

MES BESOINS : *[en soupirant]*
Ah, ok. Je regarderai ça plus tard.
Comment est le café ?

DÉFAUT ET MEILLEURS INTENTIONS : *[en coeur]*
Ça va ... Rien de très raffiné.

[quelques minutes passent — les personnages font semblant de faire du travail de bureau]

Voix off : Des dents !

TOUCHE-LE-FOND : *[très nerveux·se, se lève sur une table et frappe une cuillère contre un thermos pour annoncer un discours]*
Une femme ... est amoureuse d'une de ses collègues de travail. Elle parle avec elle tous les jours à côté ... de la ... machine à café ... mais elle ne sait pas comment ... lui envoyer un ... euh ... message d'amour ... donc elle ... attends. Pendant ce temps-là, une équipe d'agent·es de sécurité de l'aéroport organise une rébellion pacifique ... euh ... pacifique ... et euh ... au lieu de vérifier les bagages des personnes qui entrent dans l'aéroport, iels font un striptease collectif. Pendant que les agent·es de sécurité retirent leurs pantalons et se couvrent les organes génitaux avec leurs casquettes, la femme du bureau va chez le dentiste ... et elle décide de graver le nom de l'autre femme — celle dont elle est amoureuse — sur ses dents, une lettre par dent.

Sa bien–aimée s'appelle Amalia, elle demande donc au dentiste de graver ces lettres : a-m-a-l-i-a ... Cela demande beaucoup de travail, et finit par occasionner des caries très peu saines ... mais cela lui semble sexy, puisqu'elle l'a fait par amour ... Peut–être ... Un groupe de fourmis travaillant dans le bureau d'à côté entre dans ses caries. Elles circulent à l'intérieur et à l'extérieur de leur organisme–hôte, taillant ses gencives et utilisant ses fosses nasales comme entrée et sortie. La femme croise Amalia à côté de la machine à café et lui sourit de toutes ses dents, pleines de fourmis. Amalia lui recommande d'aller voir un bon dentiste. Elle ne réalise pas la situation, de toute façon elle n'arrive même pas à distinguer son propre nom sur les dents de sa collègue. Tout cela est une erreur, mais qu'est–ce qu'une erreur sinon une opportunité commerciale ?

Dans cette ville il n'y a pas de dentiste, mais un·e mendiant·e rôde dans le cabinet. Iel porte une blouse de laboratoire d'analyses cliniques trouvée dans la rue, et en portant cette blouse, iel devient par conséquent dentiste. Parce que les uniformes sont, par définition, des définitions.

Iel complimente le style dentaire de la femme, lui dit qu'elle a l'air très française. La femme a donc maintenant un·e dentiste et le·a mendiant·e un travail, ce qui créé une série d'opportunités professionnelles, car le·a dentiste a besoin d'un·e secrétaire, la femme a besoin qu'on l'emmène au cabinet en taxi, la voiture de taxi a besoin d'un·e chauffeur·se, et ainsi de suite. C'est ça l'économie.
Les dents sont là pour montrer la richesse.

MES BESOINS : *[se met debout et revêt un uniforme]*
Moi je dirais que les français·es ont de mauvaises dentitions. Je ne dis pas ça comme une critique, mais plutôt comme un fait : les dents ne les intéressent pas beaucoup.

Comme tout le monde le sait, en psychologie les dents représentent la sexualité, ce qui me fait penser que les français·es ne sont pas vraiment intéressé·es par la sexualité, en dépit des idées reçues. Iels sont plus intéressé·es par les changements politiques : créer des colonies, étendre leur territoire, investir, conquérir, annexer.

Lorsque la femme est allée chez le·a dentiste, la France était déja passée par une révolution puis un empire, laissant derrière elle un projet gonflé comme l'univers, se reflètant dans les dents pleines de trous de la femme.

[Mes besoins et Touche–le–fond s'endorment debout pendant tous leurs dialogues. Iels semblent épuisé·es]

Fin de la scène

SCÈNE 6

Matériel

- *Papier cartonné indiquant « Convention de psychologues ».*
- *5 chaises placées en cercle.*
- *5 paires de lunettes.*

Tous·tes s'allongent sur le dos (le visage face au plafond, les yeux fermés comme s'ils étaient endormi·es), puis sortent de leurs cubicules en se traînant horizontalement vers le fond de la scène, où iels peuvent enfin ouvrir les yeux.

Quelqu'un·e déplie un papier cartonné sur lequel on peut lire « Convention de psychologues ».

Cinq chaises sont placées au centre de la scène. Tous les personnages portent des lunettes. Certaines paires de lunettes sont cassées, d'autres n'ont pas de verres. Les personnages les nettoient sans cesse avec des petits chiffons en soufflant et en soupirant sur les verres pour les embuer.

MEILLEURES INTENTIONS :
Ceci est le cas d'un client ou d'une cliente extrêmement psychotique appelé·e Risque.
Non, je ne vais pas révéler son genre.
Ok, je vais révéler son genre ! C'est fluide, cela change tout le temps.
Risque souffre d'une forme aberrante de délire animé par l'optimisme. Dans sa psychose, iel est tombé·e amoureux·se de Fiuture, un·e ami·e imaginaire avec qui iels forment aujourd'hui une famille. Fiuture et Risque, et le·a collègue de Risque, Risk Management, qui est aussi toujours dans le coin.
Je crois que ce·tte patient·e est schizophrène, et qu'iel est en train de s'effondrer sous le stress. Un stress de niveau mondial.

MES BESOINS :
Tu as essayé Voltaren ? Ziprasidone ?

MEILLEURES INTENTIONS :
Nooooon, rien ne fonctionne. Jusqu'à maintenant, la seule chose qui a fonctionné, c'est une forme très particulière d'hypnose réalisée par l'indice John Dow. On dit que ça les relaxe.

MES BESOINS :
Peut–être qu'iels mourront.

DÉFAUT :
Je dirais que Risque n'est pas vraiment une personne, c'est un·e Actif·ve. Un être, pas un nom. Un personnage, pas un objet. Dans son délire, Risque est expansif·ve et flexible, iel est constitué·e d'une pâte molle, comme la pâte Fimo.

MES BESOINS :
Encore Fimo. Défaut ? Toute la journée c'est « Fimo ».

DÉFAUT :
Oui, et bien, c'est quoi le problème si je parle de Fimo ?

MAL :
Le problème c'est que tu ne parles pas d'un·e patient·e, tu parles de toi–même.

DÉFAUT :
Et est–ce que c'est de ma faute ? Les limites sont très floues, de nos jours ... Comment l'expliquer ? Fimo, c'est plus qu'un·e patient·e ou une argile polymérique. C'est plus que de la plastiline, c'est ... une institution. Nous sommes tous·tes Fimo, nous souffrons tous·tes de Fimo.
C'est un concept incarné, ou encore pire, un affect.

MAL :
Je n'ai pas appris ça à l'Université, parce que je n'ai jamais rien appris. Je ne suis même pas sûr·e d'être psychologue comme vous ... Mais ce que je sais c'est que je vis à côté d'une usine de plastiline et que le soir j'entends trois employé·es nocturnes mélancoliques.
Et comment je sais qu'iels sont mélancoliques ? À cause du rythme auquel iels effectuent leurs tâches nocturnes :
L'un·e sale du poisson avec du gros sel. L'autre mastique un chewing–gum. J'entends ses dents grincer, toute la nuit. Iel se contente d'attendre que ses dents se taisent, mais cela n'arrive pas. Le·a troisième mange une glace. Iel la lèche sans arrêt. La glace fond vite et iel est toujours très inquiet·e.

Ces formes d'économies implacables me font-elles peur ?
Est-ce que j'ai peur de saler du poisson, de mastiquer un chewing-gum ou de lécher une glace pour toujours ? Oui.
Comment peut-on faire quelque chose « pour toujours » ?

TOUCHE-LE-FOND :
Et donc, la semaine dernière, l'usine Fimo a interrompu sa production.

ERREUR :
Oui, iels sont tous·tes trop déprimé·es, donc iels ne prennent pas assez de risques. Les gens qui ne prennent pas de risques ne peuvent pas regretter ce qu'iels manquent. C'est pour ça qu'à Fimo, le département de la mélancolie est toujours ouvert. Iels sont toujours en deuil.
Et je ne dis pas ça parce que je suis économiste, parce que je ne le suis pas, mais je m'appelle Erreur, et ça veut bien dire quelque chose. Je ne vois personne appelé·e *Correct*, là tout de suite ...

TOUCHE-LE-FOND :
Personne ne vient jamais me voir. Mes lunettes sont-elles si cassées que personne n'a confiance en moi ? Ai-je tellement tort ?

MES BESOINS :
Bon ... oui ... Nous sommes en révolte, tu le sais bien.

MEILLEURES INTENTIONS :
De toute façon, ce nouveau client est ... Comment l'expliquer ? C'est une personne qui souffre d'angoisse extrême ... Elle ... Il ... change tout le temps et souffre d'une forme d'obésité que je décrirais pour ma part comme très peu saine. Elle n'a pas d'identité fixe. Iel expérimente une forme de stress qui le·a pousse à constamment se boycotter, et le pire de tout, c'est qu'iel n'a pas de flux de conscience adéquat.

DÉFAUT :
Qu'est-ce que ça veut dire ?

TOUCHE-LE-FOND :
C'est-à-dire que ... Iel est comme le résultat d'une relation.

DÉFAUT :
Comment s'appelle-t-iel ?

TOUCHE-LE-FOND:
Inflation.

ERREUR :
Et à combien est le litre de lait aujourd'hui ?

MES BESOINS :
Trois dollars.

TOUCHE-LE-FOND :
Combien coûtait-il hier ? Deux pesos cinquante.

MAL :
Et combien, avant-hier ?

ERREUR :
Un dollar. Tu vois ? Tu comprends maintenant, Mélancolie ?

MES BESOINS :
Hé, c'est Touche-le-Fond.

TOUCHE-LE-FOND :
Quoi ?

MES BESOINS :
Hé, Touche-le-fond ?

TOUCHE-LE-FOND :
Quoi ?

MES BESOINS :
Hé, c'est Touche-le-Fond.

TOUCHE-LE-FOND :
Quoi ?

MES BESOINS :
Tu pourrais me vendre ta maison ?

TOUCHE-LE-FOND :
Quoi ?

MES BESOINS :
Est-ce que tu pourrais me vendre ta maison ? Tout le monde sait que tu vas te faire expulser, de toute façon.

TOUCHE-LE-FOND :
Quoi ?

MES BESOINS :
Ben oui ! Tout le monde sait que tu as, genre, trois hypothèques.

TOUCHE-LE-FOND :
Ok ... mais attends ... Je l'ai achetée ... 40,000 dollars ... laisse-moi voir...
Combien ça fait aujourd'hui ? 400,000 millions ! 400,000 millions d'années, non ?

DÉFAUT : *[regarde vers le hall d'entrée]*
Iel est là ! Ton·a patient·e ...

TOUCHE-LE-FOND :
Oh ? Hééé, Inflation! Viens, on a des *donuts*.

Fin de la scène

SCÈNE 7

Matériel

- *5 casquettes de police.*
- *5 selfie-sticks.*

Meilleures intentions se traîne par terre et se colle aux murs. Mes besoins retourne la pancarte « Convention de psychologues » pour montrer son envers, sur lequel est écrit « POSTE DE POLICE ».

Les personnages sont dans un poste de police. Ils portent tous·tes des casquettes et des blousons de policiers, mais pas de pantalons. Iels frappent les tables avec les selfie-sticks, comme la police.

MES BESOINS :
Hé. Meilleures intentions ?

MEILLEURES INTENTIONS : *[haletant étrangement, comme au bord de l'orgasme]*
Oui ?

MES BESOINS :
Comment ça va aujourd'hui ?

MEILLEURES INTENTIONS :
Oh, tu sais, on attend le crime.

DÉFAUT :
Ouais je sais, moi aussi ! Mais c'est comme s'il ne se passait jamais rien.

MAI :
Moi j'attends que des personnes de la compagnie d'internet viennent m'installer la fibre optique.

DÉFAUT :
C'est les pires, iels n'arrivent jamais.

ERREUR :
Je sais. Ça me rend fou·folle.
Iels ne portent même plus d'uniforme. Comment je fais pour identifier la personne de la fibre optique s'iel vient en civil ? Et c'est toujours entre 8 et 16 heures, comme si je n'étais pas au commissariat à cette heure-là.

DÉFAUT :
Est-ce qu'iel vient tout nu·e ?

ERREUR :
Qu'est-ce que tu veux dire ?

DÉFAUT :
Tu as dit qu'iel ne portait pas d'uniforme. Je ne crois pas que ces gens-là puissent se permettre d'acheter des vêtements.

MAL :
Bien sûr qu'iels peuvent se permettre d'acheter des vêtements, idiot·e. Mais dans ce cas–là, iels ont *décidé* de venir nu·es.

MES BESOINS :
Je crois que les uniformes sont sexy.

ERREUR :
Vous connaissez l'origine des uniformes ?

MEILLEURES INTENTIONS :
Moi, oui !

DÉFAUT :
Non, tu ne la connais pas ! La dernière fois que tu as dit que tu savais quelque chose, c'était un mensonge. Tu voulais juste attirer l'attention.

MEILLEURES INTENTIONS : *[haletant et collé·e au mur, se frotte le cul contre le mur et touche tout ce qu'iel voit — ses lunettes lui glissent du nez]*
Bon, c'est vrai, peut–être que je ne sais rien sur les uniformes, mais j'ai quelque chose à dire sur la fibre optique et la mendicité. Et je vous rappelle que je m'appelle Meilleures intentions, donc que tout le monde sache que je viens avec les Meilleures intentions.

[parlant plus lentement]

Internet ... Ces derniers temps, j'ai beaucoup réfléchi aux mots anglophones *email* et *male* (« mâle » en français), et au fait qu'ils se ressemblent et se prononcent de la même façon — ou du moins, pour moi. Si tout ce que je pense entre dans mon corps et que mon corps entre dans la société, qu'est–ce que cela nous dit des technologies et de la masculinité ?
Tout le monde sait que le langage de la technologie est l'anglais, donc ...
Comment les différencier s'ils sonnent pareil ?
Homme, courrier électronique, *[sur un ton horrifié]* homme, courrier électronique, mails, émail ... ils se ressemblent tous !
Que puis–je faire si une chose ressemble tant à l'autre ?
Quand Christophe Colomb a débarqué en Amérique, il y avait quelques habitant·es sur la plage.

[sa voix change et son ton devient plus incertain]

Les Américain·es (je veux dire par là, les gens qui habitaient sur le continent américain) ne percevaient pas le passage du temps comme nous. La réalité était plutôt comme de la télépathie. Et l'économie ... Je ne sais pas comment l'expliquer, parce que je n'y étais pas pour le voir. Ok, donc c'était ça mon histoire, mais je ... je ne me sens pas très sûr·e de ma conclusion, car je ne sais même pas si elle est vraie.

Comment peut-on nommer quelque chose qu'on ne connaît pas ?
Si je suis un mâle ... pour l'instant ... alors je suis un conquérant.

[l'anxiété s'empare de Meilleures intentions — le reste des psychologues regarde vers le bas, comme s'iels ne voulaient pas se responsabiliser de sa gêne]

Quand tous ces mâles rugissants ont débarqué des caravelles, en faisant tourner leurs nunchakus faits maison, celles et ceux de la terre ferme ont seulement vu une masse de courriers électroniques envahir leur territoire. La légende dit qu'on ne comprenait pas ce qui se passait. C'est impossible d'utiliser le contrôle frontalier dans un courrier électronique, il s'envoie et c'est tout. Mais que fait-on d'un courrier électronique non identifié ? On le met dans les *spams*. C'était comme ça à l'époque, la communication n'était pas notre *forte*.

Et, un beau jour, comme il y a très peu de différence entre le M et le N, et comme très peu de gens savaient écrire, un officier colonial a commis une erreur d'orthographe et la Nouvelle Espagne [*New Spain* en anglais] est devenue le Nouveau Spam.

MES BESOINS :
Oui, c'est comme ça que ça s'est passé. Si j'épelle le mot *Spam* à l'envers, j'obtiens *Maps*. Il s'agissait en réalité d'une carte.

DÉFAUT :
Attends ! Alors notre travail, c'est de fabriquer des *spams* ! « Spammer » la société ! *spam ... spam ... spam ...*

MAL :
Peu importe, Flan.

DÉFAUT :
Ne m'appelle pas Flan ! Je m'appelle Défaut.

MES BESOINS :
Oui, mais tu es tout tremblant·e, comme un flan.

DÉFAUT :
Peut-être ... Non, attends ... C'est quoi déjà notre travail ?

ERREUR :
Nous sommes une entreprise privée recrutée par l'État depuis qu'il a sous-traité la prévention et la lutte contre le crime.

FAILLE :
Quoi ? Non, attends, je croyais qu'on était un organisme national, comme la police.

MES BESOINS :
Non, malheureusement, l'État est en faillite. Nous ne sommes rien de plus qu'une entreprise privée qui vend ses services à un organisme national. C'est-à-dire, la police.

DÉFAUT :
Mais c'est nouveau ça, non ?

MAL :
C'est comme ça depuis des années. Les armées étaient en réalité des mercenaires naviguant les eaux internationales et payé·es des heures supplémentaires pour servir n'importe quelle couronne d'Europe. Personne ne se consacrait au nationalisme. Mais vous devriez déjà le savoir. Qu'est-ce que j'en sais moi ? Je ne suis pas prof" d'histoire.

Touche-le-fond : *[d'un air confu]*
Oui ! Qu'est-ce qu'on est ? Des étudiant·es ? De quelle université ? En quelle année ?

[plier les chaises et les mettre contre le mur, décrocher la pancarte, éteindre les lumières]

Fin de la scène

SCÈNE 8

Allumer les lumières.

Matériel

- *Deux marionnettes manipulées par deux acteur·ices de la performance, fabriquées avec des collants remplis de coton, des boutons et des bâtons : FIMO et FOMO.*
- *De la fumée.*
- *Lumières tamisées, la pièce est presque dans l'obscurité.*

Lieu : *Showroom de Ikea, section meubles pour enfants (ou similaire).*

FIMO :
Quand... quand j'ai grandi au sein des économies libérales des années 90, un·e fantôme me faisait l'amour. Iel me rendait visite dans ma chambre pendant la nuit, alors que mes parents dormaient, et cela a réveillé ma sexualité. Iel entrait à travers les poches des manteaux pendus derrière la porte et se glissait dans mon lit. Iel me faisait l'amour d'une façon très personnelle ou abstraite. Tout cela s'est passé dans les années 90.

Je m'appelle Fimo, et je suis moi aussi une créature de l'univers. Je ressemble à une personne de confiance. Regarde mes cheveux, regarde mon opacité, ma transparence ...
Je suis une version beaucoup plus raffinée de l'instable Fomo, ici présent·e.

Fomo, en anglais, veut dire « la peur de rater quelque chose ». C'est une version obsolète de moi–même. Iel provient des bas–fonds de l'univers. Alors que moi, tu me vois ? Moi ? Je représente la "peur d'aller de l'avant". Une version plus organique, mélancolique et auto–constituée du Fomo bureaucratique — une version presque lâche. Moi, je ne veux pas avancer. C'est ce qui me définit. Regarde mes muscles, ils sont doux comme des œufs.
Toi tu n'es rien, tu n'as rien.

FOMO :
Ne dis pas ça. Je veux dire, j'ai su comment *être* avant. J'avais un nom, une identité. J'étais la charnière de la relation entre le nord et le sud. Je terrorisais le monde entier.

FIMO :
Oui ... c'est vrai, tu nous as tous·tes bien fait souffrir. Tu étais comme un fantôme économique, et comme tout ce qui nous fait peur nous attire secrètement, nous sommes devenus addict·es à ton corps fait d'affects. Quand j'ai voulu t'appeler, j'ai dû invoquer les confins de l'univers, souffler une vibration qui a voyagé à la vitesse du son, plus lente que celle de la lumière, défiant ainsi les principes de localité et de réalisme. Mais tout cela s'est passé avant la pandémie. Maintenant on vit sous le même pont.

FOMO :
Je m'appelle toujours Fomo, mais plus personne ne s'intéresse à moi.

FIMO :
Le·a fantôme nous a présenté une forme d'argent que ma famille n'avait jamais vue auparavant, et c'est alors que nous avons compris, parce que nous avons réalisé que nous n'aurions jamais vraiment d'argent.

Notre marché était celui de l'imagination. Pour nous protéger de toute forme de production, nous avons détruit les industries nationales. Nous avons empoisonné notre eau et contaminé notre air. C'était plus sûr comme ça. Nous avons ouvert nos frontières. La vie allait devenir un paradis de fantasmes et d'import–export.

Nous avions atteint l'utopie, nous n'étions plus que pure abstraction ! Les gens s'arrachaient les vêtements en pleurant de joie. Quelqu'un·e dansa pendant 15 jours de suite. Le gouvernement changea cinq fois en une semaine. Pendant un an, le nom du pays changea tous les jours.

FOMO :
Puis on a regardé autour de nous. Tout ce qui était dans le pays était importé, ou était la copie de choses importantes qui existaient ailleurs. Nos vêtements étaient des copies bon marché de Gucci, Fendi, Balenciaga, Hermès, Lacoste, Prada, Benetton, Off–White, Louis Vuitton. Je les ai regardées, perplexe.
Est–ce que nous les méritions ?
Les prix changeaient tout le temps, toujours en décalage. Les étiquettes commencèrent à s'empiler les unes sur les autres dans les magasins. Chaque jour, chaque heure, chaque seconde, les prix — et les étiquettes — allaient de plus en plus haut. Ils s'accumulèrent sur les murs. Dû à cette accumulation et à notre climat subtropical, le papier se fondit dans les murs et ceux–ci devinrent plus épais, couverts de prix.

Les murs commencèrent à avoir l'air rembourrés, de plus en plus rembourrés, comme la cellule d'un hôpital psychiatrique, qui elle aussi est rembourrée. Et c'est dans ce rembourrage que nous avons trouvé notre confort.

[les marionnettes s'allongent pour s'endormir sur les lits d'enfants du showroom]

FIN

Spinoza Borderli

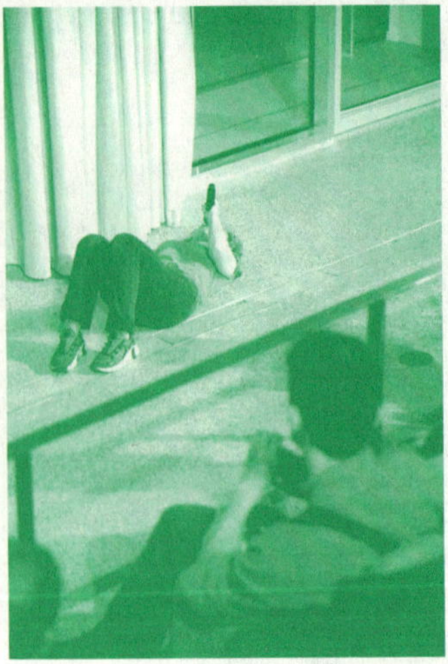

ne

Esta obra fue originalmente ejecutada en la escalera del auditorio de la Fondation Pernod Ricard en París. Empecé la performance entre las butacas y me arrastré hasta la escalera. Me puse un auricular pegado a la oreja con mucha cinta de pintor. Por ese auricular me llamaban por teléfono desde la cabina.
La escalera tiene la particularidad de que es ancha pero muy finita, los escalones son chicos, la distancia entre un peldaño y el otro es del tamaño de mi cuello. Por esa escalera bajé de espaldas, reptando, empujando mi cuerpo hacia adelante con la coronilla y los brazos, haciendo fuerza con la cola para impulsarme. Durante todo ese tiempo mantuve los ojos cerrados mientras me llamaban por teléfono y yo repetía lo que me decía el auricular, con el mismo tono que habíamos practicado, los silencios y los grititos.
Al terminar de bajar la escalera, la performance siguió hacia una especie de puerta de vidrio por donde me arrastré para salir a la calle.

Preparación

Para hacer esta performance se recomienda encontrar una escalera muy larga o separada en varios tramos por la cual se pueda bajar acostadx de espaldas. El texto de esta performance es leído por teléfono a la persona que baja las escaleras y que repite en voz alta.

Materiales

- *Voz humana*
- *Una escalera larga o en varios tramos*
- *Un teléfono celular en el bolsillo con una conversación abierta, un auricular pegado a la oreja*
- *Unx cómplice al teléfono*

La performance comienza cuando la persona al teléfono empieza a hablar. Repetir en voz alta todo lo que dice la persona al teléfono. No dudar nunca, sólo repetir. Cerrar los ojos. Comportarse como unx enviadx de La Voz. La Voz en el teléfono decide la entonación, la intención y las pausas. Bajar la escalera de espaldas, con la cabeza en primera línea, empujando el cuerpo sobre el piso con las palmas de las manos.

Performer

Así que hoy vamos a hablar del deee
de de de de de del de destino.
Y por destino entiendo: la capacidad de anticiparse a una misma, en la medida de lo posible.

El *destino* suena como una construcción... muy esotérica, pero lo que no sabemos es que el esoterismo es una forma de conocimiento que viene del interior. Así que, con el pensamiento esotérico, me pregunto:
¿qué es lo que ya sé que viene de mi interior?
¿Qué tengo dentro de mí que me envía señales?
¿Qué cosas que ya sé vienen de adentro mío?
¿Qué sé de mi interior?
Porque el prefijo *eso* quiere decir el tipo de conocimiento que se vive por dentro, mientras que el prefijo *exo* es como los exoesqueletos, como los animales o la gente que tiene que vivir con una postura que está por fuera de su cuerpo.

Como sé que todo lo que se conoce en el mundo ya se conoce desde adentro, puedo explorar en mi interior. Desde este punto de vista puedo poner en marcha una serie de predicciones sobre el destino de la humanidad.
Por eso cierro los ojos
y la información me llega por voz divina,
información en estado puro
puro
duro
seguro.
¡Es información concreta! Porque viene de dentro, es decir, por teléfono directo dentro de un agujero que nunca duerme y que es mi oído. De forma consciente o inconsciente, es información que baja a mi cuerpo. Lo sé. Entonces puedo hacer una serie de predicciones sobre:
la especulación financiera,
el destino del sector inmobiliario,
el precio del maíz,
la sequía medioambiental.

Si todas las predicciones vienen de dentro porque son esotéricas, me imagino que el estado de las predicciones debe ser el resultado del conocimiento del estado mental que una lleva por dentro.

Si todo viene de dentro, incluso el precio de las acciones, se llama intuición. Y digo esto porque es importante conocer el estado mental... porque... ¿dónde está el conocimiento esotérico si no está en el cerebro? En la glándula pineal, para ser exactxs.

¡Se podría pensar que tenemos cierta estabilidad e influencia sobre el destino de la humanidad si nos conociéramos a nosotrxs mismxs!
Y es verdad que creemos conocernos.
Pero nada es cierto si no consultamos nuestros síntomas en internet.
Porque internet es el conocimiento esotérico del mundo.
Por ejemplo: ¿quién soy yo?
¿"Quién soy yo" equivale a "qué sé yo"?
¡Es casi lo mismo! Porque, en esta cultura cartesiana del conocimiento, en español "saber" significa "ser". Es lamentable, pero es así.

Así que esta semana aprendí algo sobre mí misma y, por lo tanto, sobre mi destino económico. Esta semana me diagnosticaron un trastorno límite de la personalidad.

Todo el mundo es diagnosticadx hoy en día... y yo era *borderline*.
¿Cómo sé que era *borderline*?
Porque un grupo de hombres me lo gritó por la calle: ¡*Borderline*!
Esta mujer—gritaron en la calle—, es *borderline*.
¡*Borderline*!
¡Alguien lo sabía antes que yo!
Yo no tenía ningún conocimiento esotérico de mi estado mental, pensaba que era neurótica, como todo el mundo.
Pero el destino no se puede torcer.
Y no hay nada peor, no hay nada peor,
no hay nada peor que ser insultada con un diagnóstico,
es incluso peor que ser diagnosticada con un insulto.
Porque un insulto afecta al estado mental de miles de personas,
a nivel personal y transpersonal.
A través de la vida
y la muerte
y el tiempo
y un insulto permanece latente en el inconsciente de una sociedad,
mientras que un diagnóstico nos aísla.

Y como el inconsciente

[sonido de trompeta vieja]

es muuuuuy machista y misógino, los insultos tienden a ser misóginos
o machistas. O los dos. Pero de ahí a que me diagnosticaran *borderline*...
¿Intentaban decirme que estaba loca?
¿O, en realidad era un grupo de psiquiatras y no podían ser otra cosa
que específicos?

Todo esto me confundía porque, ¿qué sabía yo realmente de mi estado mental?
Si mi destino era ser *borderline*, el destino era *borderline* en sí mismo:
cambiaba todo el tiempo.
borderline
lorderbine

Busqué los síntomas en internet.
¿El grupo de personas que me insultó realmente me estaba diagnosticando?
Un diagnóstico mental gratuito, se agradece. Además, si este insulto era mi destino, y el destino es la consecuencia esotérica de mi inconsciente, sólo podía

aceptarlo, lo había:
manifestado
atraído
solicitado.

Recibí entonces mi insulto como una barra de pan caliente recién salida del horno del internet, porque tal vez no eran unos hombres cualquiera en la calle que me habían gritado algo, tal vez eran psiquiatras. Así que me pregunté:
¿Tenía sentimientos crónicos de vacío? Sí.
¿Dificultad para controlar la ira? Sí.
¿Amor incondicional por mi perro? ¿Mi perro que era tan inteligente pero tan celoso? Mi perro sabía contar, pero no soportaba a mis amigxs ni a mis amantes, teníamos una relación de codependencia. Sí.
¿Sentía... una capacidad reducida para prever las consecuencias de mis actos? Sí.
¿Una perturbación de la identidad? Sí.
¿Una dificultad para analizar mis sentimientos? Sí.
¿Una tendencia a analizar y luego desvalorizar a los demás? Sí.
¿Una inestabilidad en las relaciones interpersonales para evitar la intimidad? Sí sí sí sí sí sí sí sí sí sí.
¿Síntomas disociativos? Sí.
¿Comportamientos impulsivos? Sí.
¿Abuso de drogas o alcohol? Me gusta el juego.
Me gustan las drogas, por supuesto, y el alcohol, pero no más que el cine francés o la pintura de posguerra.
OK, así que era *borderline*, ¿por qué no?
No tenía todos los síntomas pero tenía algunos; no podía confiar en mí misma.
Ahora, además de ser *borderline*, era paranoica.
Puedo admitirlo sin problemas: conozco los síntomas.
Pero, si una es paranoica, resulta muy difícil mantener la democracia.
Porque lo más importante es mantener la democracia, y puedo decirte ahora mismo lo que es la democracia.
Es... la capacidad de aceptar el discurso dominante.
Y, lo más importante, es mantener la democracia, y te lo puedo decir —por si te cagás en la democracia—, porque no te podés cagar en la democracia sin cagarte un poco en vos misma.
No lo digo porque quiera parecer famosa o especial, lo digo porque no tengo ni idea de lo que es la democracia, así que asumo que es una construcción colectiva que hay que revisar constantemente. Pero sí tengo alguna idea: creo que la democracia en general es

un error
una oferta
y una posibilidad.

Al menos tenemos el sistema de salud.

Me interesa el sistema de salud porque soy *borderline*, y porque hoy me miré la boca y vi que la encía tendía a oscurecerse. Me dio la impresión de que nadaba en un cierto gris del que desconfíe y, en la víspera, abrí los ojos en el aire pestilente de la noche y vi que un ojo veía mal y el otro ojo aún peor. Mi ojo izquierdo estaba ennegrecido por dentro, como ahumado. Entonces encendí la luz y vi que todo estaba bien, que no tenía problemas mayores, lo ignoré y lo reprimí. Pero como todo lo que reprimimos vuelve por voluntad divina, ahora tengo miedo de todos mis síntomas.
Ahora tengo miedo.
Tengo miedo tengo miedo tengo miedo tengo miedo tengo miedo,
de todas las cosas que no tienen nada que ver con la productividad.

Ayer, cuando estaba despierta en el aire pestilente de la noche, con el ojo ahumado, miré por la ventana y pasó un policía, pasó un diputado y pasó un obrero de una fábrica. Los tres eran muy masculinos. El diputado bebía leche y quería seguir con su vida. El policía lamía helado y quería olvidarse de la vida, y el obrero de la fábrica no bebía ni lamía nada, pero iba camino al trabajo. Y lo sé porque vivo al lado de una fábrica, y sé que a las cuatro de la mañana, por regla general, un hombre que pasa por la calle es un obrero de camino a la fábrica. ¿Y qué hacen en la fábrica? Nada. Chupan chicles, empujan carbohidratos, esperan mirando a la policía.

Hay tantas cosas improductivas en una democracia que podemos diagnosticarlas, cosas que tienen objetivos distintos a la productividad. El único objetivo que no existe realmente es el de la productividad.

Podés llamarme *borderline* si querés, pero sabés que tengo razón.

¿Sabían que el proyecto filosófico de Spinoza era mejorar la autoestima de todxs haciéndonos creer que no hay lugar para el error en el mundo?
Pura positividad, dijo un día, y este grito de pura positividad sonó a: "hacé lo que quieras, seguí tu deseo".

¿Qué quería decir Spinoza con esto?
No lo sé, porque nunca leí a Spinoza, pero en el artículo de Wikipedia sobre él aseguran que Spinoza entendía a Dios, y por Dios me refiero a la totalidad de las cosas que existen en el mundo como un concepto que no tiene cabida para la negatividad.

Mientras hubiera oferta... habría demanda. No al revés.
Una oferta de dolor traería una demanda de dolor, y si hubiera una oferta de locura, angustia, enfermedad, violencia y frustración en el mundo, habría una demanda de locura, angustia, enfermedad, violencia y frustración.

Todas las cosas espantosas que existían en este mundo tenían su razón de ser porque eran ofertas y así creaban su flujo permanente de demanda. Esto era panteísta, esta era mi idea de Dios y mi idea del comercio internacional al mismo tiempo. Todo podía ser Dios; si era comercio internacional, todos mis síntomas se pensaba que eran Dios y el comercio internacional. ¡Y no sólo los míos!

Una mujer caminó sobre su trasero y cobró por eso. Y eso inició una tendencia: se hizo famosa. Y eso llevó a la creación de puestos de trabajo porque nadie es famosx por sí mismx, se necesitan secretarixs, peluquerxs, *advisors*, *life coaches*, planificadorxs de vida, asistentes financierxs, fotocopiadorxs y psicólogxs y comerciantes.

Lxs comerciantes vendieron coches de segunda mano, cortaron banderines, cruzaron la cordillera de los Andes varias veces poniendo minimercados en cada parada. Muchxs comerciantes fueron a los minimercados, se ganaron la vida... y todo esto pasó no porque Spinoza amara el liberalismo, sino porque no tuvo otra idea para alegrarnos que hacernos sentir que cada error en la vida era, en realidad, una oportunidad comercial.

Un hombre nombró un continente por error y se negó obstinadamente a corregirse, y esto creó desórdenes lingüísticos internacionales que se convirtieron en una oportunidad comercial y que pesaron sobre nuestras conciencias. Lo cual fue una oportunidad comercial para astrólogxs y psicoanalistas y chamanxs y tarotistas...
y todo el mundo aprendió inglés por error.
Todxs tuvieron que responder en un idioma que no era el suyo.
Y todxs se revolcaron en el comercio porque, para Spinoza y para Dios, aparentemente, el mundo era puro comercio.

Y así giró el mundo.
Y así fue como giró y giró.
Era el destino esotérico del mundo, tenía que girar.
¿Y yo cómo lo sé? Porque el eje sobre el que giraba el mundo venía de dentro.
No era un destino feliz: el mundo sólo giraba.

Spinoza Borderline

Cette œuvre fut initialement exécutée dans l'escalier de l'auditorium de la Fondation Pernod Ricard à Paris. J'ai commencé la performance en me traînant sur le dos entre les sièges, puis j'ai continué dans l'escalier. Je portais un écouteur fixé à mon oreille avec beaucoup de ruban adhésif, à travers lequel je recevais des appels depuis une cabine téléphonique.
Cet escalier a la particularité d'être large mais avec de courtes marches dont la hauteur est à peu près de la taille de mon cou. Je l'ai descendu à reculons, en me mouvant sur le dos et en poussant mon corps vers l'avant à l'aide de ma tête et de mes bras, et en m'appuyant sur mes fesses pour prendre de l'élan. J'ai gardé les yeux fermés tout du long, tout en recevant simultanément des appels téléphoniques et en répétant ce qu'on me disait dans l'oreillette, sur le même ton que nous avions répété plus tôt, en incluant les silences et les petits cris. Après avoir descendu l'escalier, j'ai continué la performance jusqu'à une espèce de porte en verre par laquelle je me suis traînée pour sortir dans la rue.

Préparation

Pour faire cette performance, il est recommandé de trouver un escalier assez long ou séparé en plusieurs parties, afin de pouvoir descendre allongé·e et à reculons. Le texte est lu par téléphone à la personne qui descend les escaliers, laquelle le répète à voix haute.

Matériel

- *Voix humaine*
- *Un long escalier — ou un escalier en plusieurs parties*
- *Un téléphone portable à garder dans la poche, une conversation en cours, un écouteur collé à l'oreille*
- *Un·e complice téléphonique*

La performance débute quand la personne au téléphone commence à parler. Répéter à voix haute ce que la personne dit par téléphone. Ne jamais douter, seulement répéter. Fermer les yeux. Agir comme un·e envoyé·e de La Voix. La Voix du téléphone décide de l'intonation, de l'intention et des pauses. Descendre l'escalier sur le dos et à reculons ; traîner le corps au sol en s'appuyant sur les paumes de mains.

Performer

Et donc aujourd'hui nous allons parler du deee
du du du du de du destin.
Et par destin j'entends : la capacité à s'anticiper soi-même, dans la mesure du possible.

Le *destin* peut paraître une construction ... très ésotérique, mais ce que l'on ne sait pas, c'est que l'ésotérisme est une forme de savoir qui vient de l'intérieur.
Ainsi la pensée ésotérique me pose diverses questions :
qu'est-ce qui vient de mon intérieur ?
Qu'est-ce que j'ai à l'intérieur de moi et qui m'envoie des signaux ?
Quelles sont les choses dont j'ai la connaissance qui viennent de mon moi profond ?
Que sais-je de mon intérieur ?
Pourquoi le préfixe *ça* renvoie-t-il au type de savoir vécu depuis l'intérieur, alors que le préfixe *exo* est plutôt comme les exosquelettes, comme les animaux ou les gens qui doivent vivre avec une posture située à l'extérieur de leur corps ?

Comme je sais que tout ce que je connais du monde est déjà connu depuis l'au–dedans, je peux donc explorer librement mon intérieur. En conséquence, je peux initier une série de prédictions sur le destin de l'humanité.
Pour ce faire, je ferme les yeux
et l'information arrive par une voix divine :
de l'information à l'état pur
pur
dur
sûr.
C'est de l'information concrète ! Parce qu'elle vient de l'intérieur, c'est–à–dire qu'elle est transmise par une ligne directe présente dans un orifice qui ne dort jamais — mon oreille. C'est un flux d'information qui descend dans mon corps, de façon consciente ou inconsciente. Je le sais. Je peux donc faire une série de prédictions sur:
la spéculation financière,
le futur du secteur immobilier,
le prix du maïs,
la sécheresse environnementale.

Si toutes les prédictions viennent de l'intérieur — puisqu'elles sont ésotériques — alors j'imagine que l'état de ces prédictions doit être le résultat de la connaissance de notre état mental intérieur.

Puisque tout vient de l'intérieur, même le prix des actions, cela s'appelle l'intuition. Et je dis cela parce que c'est important de connaître son état mental ... parce que ... Où se trouve la connaissance ésotérique sinon dans le cerveau ? Dans la glande pinéale, pour être exact·es.

On peut en déduire que nous pourrions bénéficier d'une certaine forme de stabilité et d'influence sur le destin de l'humanité si nous nous connaissions mieux !
Et c'est vrai que l'on croit se connaître.
Mais rien n'est vraiment sûr tant que l'on ne consulte pas ses symptômes sur internet.
Parce qu'internet, c'est la connaissance ésotérique du monde.
Par exemple : qui suis–je ?
La question « Qui suis–je ? » est–elle équivalente à « Que sais–je ? »
C'est presque la même chose ! Parce que dans notre culture cartésienne de la connaissance, en français « connaître » veut dire « être ». C'est dommage, mais c'est comme ça.

Cette semaine, j'ai appris quelque chose de nouveau sur moi–même, et *a fortiori* sur mon destin, mon destin économique. Cette semaine on m'a diagnostiqué un trouble de la personnalité limite. Tout le monde a un diagnostic de nos jours ... et le mien est *borderline*.
Comment sais–je que je suis *borderline* ?
Parce qu'un groupe d'hommes me l'a crié dans la rue : *Borderline* !
Cette femme, ont–ils crié, est *borderline*.
Borderline !
Quelqu'un le savait avant moi !
Je n'avais aucune connaissance ésotérique de mon état mental, je pensais que j'étais néurotique, comme tout le monde.
Mais on ne peut pas négocier son destin.
Et il n'y a rien de pire, rien de pire,
il n'y a rien de pire que de se faire insulter avec un diagnostic ;
c'est encore pire que de se faire diagnostiquer avec une insulte.
Parce qu'une insulte affecte l'état mental de milliers de personnes,
au niveau personnel et transpersonnel.
À travers la vie
et la mort
et le temps
et l'insulte reste latente dans l'inconscient d'une société,
alors que le diagnostic isole.

Et comme l'inconscient ...

[son de vieille trompette]

est trèèèèès machiste et misogyne, les insultes ont tendance à être machistes ou misogynes. Ou les deux. Mais de là à être diagnostiquée *borderline* ...
Est–ce qu'ils essayaient de me dire que j'étais folle ?
S'agissait–il en réalité d'un groupe de psychiatres ne pouvant s'empêcher d'être spécifiques ?

Tout cela me perturbait car je me demandais à présent ce que je savais réellement sur mon état mental.
Si mon destin était d'être *borderline*, alors le destin en lui–même était *borderline* : il changeait tout le temps.
borderline
lorderbine

J'ai recherché les symptômes sur internet.
Le groupe de personnes qui m'avait insultée m'avait–il en fait diagnostiquée ? Un diagnostic gratuit, c'est assez apprécié. Et si cette insulte était mon destin, et le destin la conséquence ésotérique de mon inconscient, je ne pouvais que l'accepter, puisque je l'avais :
manifesté
attiré
sollicité.

J'ai donc reçu mon insulte comme une baguette chaude, tout juste sortie du four de l'internet : parce qu'au fond, peut–être que ces hommes n'étaient pas de simples quidams, peut–être qu'ils étaient psychiatres. Je me suis donc demandé :
« Est–ce que j'expérimente des sensations chroniques de vide ? ». Oui.
« Des problèmes pour contrôler ma colère ? » Oui.
« Un amour inconditionnel pour mon chien ? » Oui. Mon chien, si intelligent et si jaloux. Mon chien savait compter, mais il ne supportait pas mes ami·es ni mes amants : nous avions une relation co–dépendante. Donc oui.
« Est–ce que je sentais ... une capacité réduite à prévoir les conséquences de mes actes ? » Oui.
« Une perturbation de l'identité ? » Oui.
« Une difficulté à analyser mes sentiments ? » Oui.
« Une tendance à analyser puis à dévaloriser les autres ? » Oui.
« Une instabilité dans les relations interpersonnelles afin d'éviter l'intimité ? »
Oui oui oui oui oui oui oui oui oui oui.
« Des symptômes dissociatifs ? » Oui.
« Des comportements impulsifs ? » Oui.
« Des abus de drogue ou d'alcool ? » J'aime le jeu.
J'aime les drogues, bien sûr, et l'alcool, mais pas plus que le cinéma français ou la peinture d'après–guerre.
OK, donc j'étais *borderline*. Pourquoi pas, après tout ?
Je n'avais pas tous les symptômes, mais j'en avais bien quelques–uns. Je ne pouvais pas me faire confiance. Maintenant, en plus d'être *borderline*, j'étais paranoïaque. Ça je peux l'admettre sans problème, je connais les symptômes. Mais quand on est paranoïaque, il peut être très difficile de maintenir la démocratie. Parce que le plus important c'est de maintenir la démocratie, et je peux te dire tout de suite ce qu'est la démocratie.
C'est ... la capacité à accepter le discours dominant.
Et le plus important c'est de maintenir la démocratie. Et je te le dis parce que, quand tu chies sur la démocratie, tu ne peux pas éviter de t'en mettre un peu dessus.

Je ne dis pas ça pour avoir l'air spéciale ou originale, je le dis parce que je n'ai aucune idée de ce qu'est réellement la démocratie, donc j'assume que c'est une construction sociale qu'il faut mettre à jour constamment. Mais si on me demande mon avis, je crois que la démocratie en général est
une erreur
une offre
et une possibilité.

Au moins on a la sécurité sociale.

La sécurité sociale m'intéresse parce que je suis *borderline*, et que quand j'ai observé ma bouche aujourd'hui, j'ai vu que mes gencives s'étaient un peu obscurcies. Ça m'a donné l'impression de nager dans une espèce de grisaille dont je me suis méfiée. La veille déjà, j'avais ouvert mes paupières dans l'air putride de la nuit et remarqué qu'un de mes yeux voyait mal, et l'autre encore pire. Mon œil gauche était noirci de l'intérieur, comme s'il était teinté. J'ai donc allumé la lumière et j'ai vu que tout allait bien, qu'il n'y avait rien de grave, et j'ai ignoré le problème. Je l'ai réprimé. Mais comme tout ce que nous ignorons revient à nous par la volonté divine, maintenant j'ai peur de tous mes symptômes.
Maintenant j'ai peur :
j'ai peur j'ai peur j'ai peur j'ai peur j'ai peur
de toutes les choses qui n'ont aucun rapport avec la productivité.

Hier, alors que j'étais réveillée dans l'air putride de la nuit, avec mon œil noirci, j'ai regardé par la fenêtre et j'ai vu passer un policier, puis un député, puis un ouvrier d'usine : ils étaient tous les trois très masculins. Le député buvait du lait et voulait continuer à vivre sa vie. Le policier léchait une glace et voulait oublier la sienne. Et l'ouvrier d'usine ne buvait ni ne léchait rien, mais il allait au travail. Je le sais parce que je vis près d'une usine, et qu'en général les hommes qui marchent dans la rue à quatre heures du matin sont des ouvriers qui vont à l'usine. Et que font-ils à l'usine ? Rien. Ils mastiquent des chewing-gums, avalent des calories, attendent en regardant la police.

Il existe tellement de choses improductives dans une démocratie qu'il est possible de les diagnostiquer, toutes ces choses qui ont des objectifs qui diffèrent de la productivité. La seule chose qui n'a pas de vrai objectif, c'est la productivité elle-même.

Vous pouvez me taxer de *borderline* si vous voulez, mais au fond vous savez que j'ai raison.

Saviez–vous que le projet philosophique de Spinoza était d'améliorer la confiance en soi de chacun·e en nous faisant croire qu'il n'y a pas de place pour la négativité dans le monde ?
De la positivité à l'état pur, et ce cri de positivité pure ressemblait à quelque chose comme « fais ce que tu veux, suis ton désir ».
Que voulait dire Spinoza par–là ?
Je ne le sais pas car je ne l'ai jamais lu, mais sur sa page Wikipédia on assure qu'il comprenait Dieu, et par Dieu j'entends l'ensemble des choses qui existent dans le monde comme un concept qui ne laisse place à la négativité.

Tant qu'il y aurait de l'offre ... il y aurait de la demande. Et pas le contraire. Une offre de douleur amène une demande de douleur, et s'il y a une offre de folie, d'angoisse, de maladie, de violence et de frustration dans le monde, alors il y aura une demande de folie, d'angoisse, de maladie, de violence et de frustration.

Toutes les choses terrifiantes du monde avaient donc leur raison d'être, parce qu'elles étaient des offres, et qu'elles créaient ainsi leur flux permanent de demande. Cette idée panthéiste était celle que j'avais de Dieu, mais aussi du commerce international. Tout pouvait être Dieu, s'il s'agissait de commerce international. Tous mes symptômes pouvaient être attribués à Dieu, et au commerce international. Et pas que les miens !

Une femme marcha un jour sur son postérieur et fut payée pour le faire. Cela créa une tendance, puis elle devint célèbre. Ce qui entraîna la création de postes de travail, parce que personne n'est célèbre pour soi–même : on a toujours besoin de secrétaires, de coiffeur·euses, d'*advisors*, de *life coaches*, d'assistant·es de vie et de finances, de opérateur·rice·s de photocopieur, et de psychologues et de commerçant·es.

Les commerçant·es ont vendu des voitures d'occasion, confectionné des banderoles, et traversé la cordillère des Andes de nombreuses fois afin d'installer partout des petits marchés où de nombreux commerçant·e·s se rendaient pour y gagner leur vie. Tout cela est arrivé non pas parce que Spinoza aimait le libéralisme, mais parce qu'il n'a pas eu d'autre idée pour nous remonter le moral que de nous faire sentir que chaque erreur de la vie est en réalité une opportunité commerciale.

Un homme nomma un jour un continent par erreur, laquelle il se nia obstinément à corriger, ce qui créa des désordres linguistiques internationaux.

qui devinrent par la suite des opportunités commerciales qui pesèrent sur nos consciences, représentant ainsi à leur tour des opportunités commerciales pour les astrologues et les psychanalystes et les chaman·es et les cartomancien·nes ...
Et tout le monde apprit à parler anglais par erreur.
Tout le monde dut répondre dans une langue qui n'était pas la sienne.
Et tou·tes se vautrèrent dans le commerce parce que, pour Spinoza comme pour Dieu, le monde n'était apparemment que pur commerce.

Et c'est comme ça que tourna le monde.
Et c'est comme ça qu'il tourna et tourna.
C'était ça le destin ésotérique du monde, il devait tourner.
Comment je le sais ?
Parce que l'axe sur lequel tournait le monde venait de l'intérieur.
Ce n'était pas un destin heureux ; le monde ne faisait que tourner.

La enfer
mortal

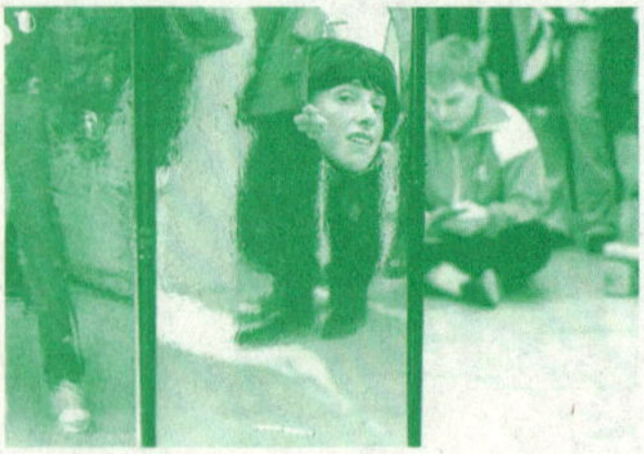

medad

Esta es una performance discreta para hacerse detrás de un biombo o un periódico agujereado. Los agujeros deben ser del tamaño de un cigarrillo. Se fuman cuatro cigarrillos a lo largo de la performance para marcar el tiempo. De ser posible, usar un micrófono diadema y hablar por medio de susurros. Que la voz se escuche en cualquier otro lugar del espacio a través de un parlante lejano y que esté muy direccionada a una o dos personas presentes, no más.

Preparación

Esta performance se puede hacer metiéndose dentro de una caja de cartón del tamaño de una heladera a la que se le hayan realizado varios agujeros de diferentes formas y tamaños. La caja se puede desplazar por la calle o en un espacio cerrado. Se le pueden colocar rueditas. Por los agujeros en el cartón se asoman partes del cuerpo de lx performer. La boca, la oreja, la cabeza y los brazos se asoman de manera intermitente.

La performance también se puede hacer arrastrando el cuerpo entero por la calle, usando las palmas de las manos para impulsarse hacia adelante.

Una tercera opción es hacer la performance en un espacio cerrado, con el cuerpo moviéndose a lo largo de las paredes mientras se le avientan píldoras al público.

Materiales

- *Un biombo o un periódico*
- *4 cigarrillos*
- *Voz humana*
- *Un micrófono diadema*
- *Uñas postizas*
- *Un parlante*

Por un pequeño agujero pasar un cigarrillo encendido. Si se realiza la versión tabloide de esta performance y el papel se quema, apagar las brasas apretujándolas con los dedos y poner el cigarrillo en otro lado. Mantener el cigarrillo encendido para que el tiempo corra. Lxs espectadorxs ven una ranura longitudinal que deja ver una boca a través del periódico o del biombo. Marcar el ritmo con uñas postizas repiqueteando sobre alguna superficie de vidrio, metal o madera. Vestirse de negro y plateado. Aprender el texto de memoria. Susurrar.

Performer

Hoy vamos a hablar de la muerte.
No,
no.
No, tal vez no vamos a hablar de la muerte.
Vamos a hablar del tiempo, que es una forma de hablar de la muerte.
No,

no, tiempo no.
No, no, sobre el tiempo mejor no.
Tal vez hablemos de fumar, que es una forma de hablar de la muerte y del tiempo.

¡Entiendo para qué sirve fumar!
Fumar es ese lugar en donde poner las manos en las inauguraciones de arte, un subterfugio para parecer inteligente, intencional y relajadx, e incluso desprendidx delante de desconocidxs aterradorxs, una forma de enmarcar el tiempo de trabajo.

Así que, en vez de hablar de morir, hablemos del tiempo de trabajo, que es lo contrario: es la incapacidad de morir. La incapacidad de morir es aceptar el amor de Dios, pero eso es otro tema que vendrá más adelante.
Ahora hablemos de trabajo.
Por ejemplo, en una jornada laboral de ocho horas, unx puede salir de la oficina siete veces para fumar. Eso estimula la circulación sanguínea y enmarca la jornada de trabajo para evitar la desesperación inherente al pasar de las horas que nos acercan a la muerte.
Pero eso es cuando se tiene una jornada laboral de ocho horas. Este tipo de jornadas laborales están casi extintas, ya no existen porque el trabajo y la vida ya alcanzaron la hibridación.

Ahora cambié de opinión.
¿Sabén de qué voy a hablar hoy?
Voy a hablar de... in-for–ma–ción.
No, no,
no, no.
La información no es otra historia: es la misma historia que estoy tratando de contar, sólo que sin intermediarios. Desde que la hibridez alcanzó nuestras almas, fumar se volvió cada vez más raro.
Si fumar fuese un reloj que separa el trabajar del no trabajar, y el vivir del morir, entonces ese reloj ya habría muerto hace setenta mil años, como una estrella que muere y sigue brillando. ¡Ah!, pero el calor es real.

El otro día caminaba por la calle... así que... tan... tan

[perder el hilo]

... y... y...

[volver a la determinación]

Esta semana.
Esta semana me pasaron dos cosas que marcaron un hito: salí a la calle en la ciudad de Buenos Aires, Argentina, y todo el mundo hablaba inglés. Yo, como no hablo inglés, tuve que escuchar todo como si fuera una película doblada al castellano.

Pasé junto a dos hombres camino al dentista. Hablaban un español neutro. Eran hombres normativos que no podría describir, no llevaban bata, ni abrigo, ni delantal. No eran médicos, ni jueces, ni cocineros. Pero gritaban algo así como:
¡Sooociiiaaaateeeeed!, ¡escupe! ¡escupe! ¡escupe! ¡escupe! ¡escupe! ¡escupe!
No paraban de gritar. Sonaba como:
¡Spit! ¡Spit!
Quizás era *SPLIT*, como el aire acondicionado.
Después escuché algo así como:
coorporated, on in
coooooooooooor porated,
o algo así que no podría especificar bien.
Tenían que estar gritando algo, porque es importante que haya algo y no nada.
Tenían su voz y su agresividad.
Entonces gritaron: *¡paaaaraaa, paaaraaa!*
¿Quiénes eran estos hombres?
¿Eran políticos? ¿Psiquiatras? ¿Trabajadores? ¿Payasos?
¿Era esto una forma de decirme que estaba loca pero no sabían cómo?

[encender otro cigarrillo, carraspear, luego tener un ataque de tos; a cada tos, rasgar un poco el periódico o romper el biombo]

Entonces entendí que decían algo así como:
PARANOICA
Estás y sos —decían los hombres a coro— *PARANOICA*.

[gritando]

¡DESPERSONALIZADA Y PARANOICA! ¡MIRÁTE!
SOS BIPOLAR, ESQUIZOFRÉNICA, TENÉS UN TRASTORNO LÍMITE DE LA PERSONALIDAD, SOS PARAFRÉNICA, PERVERSA, NARCISISTA, DEPRESIVA, MELANCÓLICA Y ANTISOCIAL.

[vuelta al tono de voz normal]

Ese fue su diagnóstico.
Y no hay nada peor, no hay nada peor, no hay nada peor que ser insultada con un diagnóstico. Es aún peor que ser diagnosticada con un insulto, lo sabe cualquiera.
Porque un insulto permanece latente en el inconsciente de una sociedad, mientras que un diagnóstico nos aísla.
Como el inconsciente...

[hacer sonido de trompeta vieja con la boca]

Es muuuuuy machista y misógino. Los insultos tienden a ser misóginos o machistas, o los dos.

Intenté mirarme a mí misma. ¿Quiénes eran estos hombres?
Los hombres me gritaban:
¡Sos menos que un dividuo!
¡Ni siquiera tenés cuerpo!
¡Sólo sos fragmentos!

¡Qué forma tan rara y extraña de insultarme! Porque realmente pensé que querían decir que estaba loca —como la gente insulta a las mujeres por la calle—, pero eran demasiado sofisticados, demasiado medicales y... ¡hablaban en inglés! O sea, no sentí que me estuvieran diciendo que estaba loca. Era algo peor.

Me miré el cuerpo. Me sentí como uno de esos monigotes que dibujan lxs nenxs: la cabeza, una nube informe y, más abajo, un bosque de palitos más o menos derechos. Yo no era nada comprensible, menos que un individuo, pero probablemente más que simple información. Esto sucedió en el futuro. Ahora voy a contar lo que sucedió en el presente.

A veces siento que si fuera más religiosa tendría más sexo. Pero para tener sexo hay que tener un cuerpo. Los hombres no paraban de gritar y yo pasé delante de ellos muy enojada y me fui al dentista. Tenía un diente podrido. Uno de tantos. La dentista me abrió la boca y observó con el espejo bucal y no parecía sorprendida, pero dijo:

—¡Ah! Tenés algo escrito en tus dientes. No te preocupes, pasa todo el tiempo.
—¿Escrito cómo?

—¿Qué?
—¿Qué, qué?
—¿Qué está escrito?
—¿En mis dientes?

Emparejó el espejo bucal con un espejo exterior para mostrármelo, y era verdad. En la hilera superior de mis dientes, en la cara interna de la boca, entre los incisivos y los caninos, alguien había grabado esta frase muy claramente:

[sacar dos dedos por los agujeritos haciendo comillas y así rasgar el papel verticalmente]

"Sé tus propios medios de producción".

[silencio]

Si todo lo que leo entra en mi cuerpo, yo me convierto en todo lo que leo. Si todo lo que oigo entra en mi cuerpo, por el hecho de oír, me convierto en todo lo que oigo. Todo lo que está fuera de mí entra en mi cuerpo por el acto de verlo. Soy todo lo que veo.
Y soy todo lo que sé, porque en inglés y en la estética protestante saber es ser y ser es trabajar. No hay otra vuelta que darle: unx es lo que hace.

Sor Juana Inés de la Cruz sabía o creía que, en un espacio viscoso del deseo, Dios es una relación y no un objeto. Es una relación con unx mismx —y ella no creía en Dios para nada, pero creía en leer y escribir—, Dios es literatura, y Dios y la literatura son una relación con unx mismx que se fundamenta en el amor divino. A menos que no puedas sentir el amor divino, no necesitás un mediador para experimentar a Dios, no hacen falta sacerdotes, ni intermediarios... La iglesia católica era un poco como el camarero que interviene entre la boca y un tenedor: ¿realmente hace falta? Yo podría ser mi propio camarero. El tema es cuando no podés sentir el amor.

Alguien, no se sabía quién, había escrito en mis dientes una interpelación, yo tenía un mensaje en la boca. Y también ese mismo día me habían insultado con un diagnóstico:
sé tus propios medios de producción.

Si este insulto era mi destino, y el destino es una consecuencia esotérica de mi inconsciente, sólo podía aceptarlo, lo había
manifestado

atraído
solicitado
¿Podía sentir el amor de Dios? NO.
¿No es eso una forma de estar paranoica? SÍ.

Un diagnóstico es el signo de una crisis, eso es cierto. Pero también es el signo de una oportunidad comercial. Porque quien te dice un diagnóstico se convierte en lx médicx. Lxs médicxs necesitan batas, y las batas que visten se fabrican en la industria textil —que también tiene personal—. Lxs médicxs necesitan secretarixs para tomar sus citas, y lxs secretarixs necesitan fotocopiadoras para fotocopiar los números de la seguridad social, y los números de la seguridad social necesitan el sistema de salud que necesita enfermerxs, curitas, personal de cuidado, personal de limpieza, oficinistas y arquitectxs, camas, ladrillos, investigación e innovación. Lxs secretarixs necesitan optometristas que les arreglen los anteojos, y los lentes necesitan ser pulidos por filósofxs y ópticxs. Luego querrán que les hagan láser, y eso es otro círculo completo que volverá a empezar porque lxs doctorxs láser necesitan secretarixs, etc.

Así que quien escribió esa frase tenía razón; yo era, literalmente, los:

[sacar los dedos por algún agujerito]

"MEDIOS DE PRODUCCIÓN"

Esto me dio a entender que puedo hacer cualquier cosa, pero supongo que todo el mundo puede hacer cualquier cosa. En lugar de ser algo malo, es algo bueno. Todo el mundo puede ser artista o críticx, de lo contrario no se habrían inventado plataformas como Yelp o Pinterest.
Ahora lo sé.
También sé que la jornada laboral es infinita porque es interior y, por lo tanto, permanente.
¿Saben qué sería más representativo?
Más representativo sería si les dijera lo que NO puedo hacer.

[pausa]

[encender un cigarrillo]

Sé lo que no puedo hacer y esto es verídico:
Nunca pude empezar a fumar y nunca pude creer en Dios. Por lo tanto, sé que estoy desesperada.
Søren Kierkegaard, un filósofo, creía que había tres tipos de desesperación.
Y nunca leí a Kierkegaard, su existencia física en este plano duró sólo 42 años, pero en su página de Wikipedia está escrito que Kierkegaard entendía la desesperación de tres maneras.
La primera tiene que ver con no ser consciente de tener un yo infinito: unx nace y se muere sin saber nada ni preguntar. No me gusta.
La segunda forma de desesperación ocurre cuando no queremos entender que el ser es infinito, pero no porque la vida sea eterna, sino porque nos da miedo abrazar el inminente fracaso. No queremos saber de la información que el amor verdadero transmite: nos informa a la vez que nos da vida.
La tercera tiene que ver con un *yo* egoísta, que no quiere reconocer que unx depende del amor de Dios para existir porque ese amor infinito es la fuente de la creación. Se trata del rechazo al amor divino y la creencia megalómana de que unx es eternx —basando su *yo*, en un *yo* demoníaco—.
Esa forma no me interesa porque es muy solitaria y la primera forma de desesperación tampoco me interesa porque es pura ignorancia. Yo me identifico con la segunda, la forma de la información. Así, cuando una persona se involucra en el acto de amar está alcanzando un aspecto de lo divino.

Kierkegaard también consideraba al individuo como una síntesis necesaria de elementos finitos e infinitos. Por eso, cuando un individuo no alcanza la plena realización de su lado infinito, se dice que está desesperado. Como yo, que estaba finita. Para muchos teólogos cristianos contemporáneos, la noción de desesperación puede considerarse pecado. Sin embargo, para Kierkegaard, una mujer peca cuando elige un camino distinto del que ya está trazado de acuerdo con la voluntad de Dios. Esa fui yo.

Yo, no ahora, pero eventualmente sí, quiero morir. Me parece lo más normal: unx se muere. Sé que estuve mal rechazando mi propia incapacidad de morir, pero eso era en otro momento de mi vida: estaba desesperada.

Así que ahora tengo algo de lo que quiero hablar: quiero hablar de información y desesperación. Después de todo lo que pasó esa semana, los hombres, el diente podrido, los medios de producción, comprendí que la muerte era el gran mediador entre nosotrxs y la causa de nuestra desesperación —que era, de nuevo, nosotrxs mismxs—.

¿Cómo se supone que fumar enmarca la jornada laboral, si fumar es un camino seguro a la muerte y si la jornada laboral ya no existe, quiero decir, que la muerte ya no existe?
Fumar, al hacer otra cosa que no sea trabajar, no tiene relevancia porque sólo estaría enmarcando la larga enfermedad que conduce a la muerte, o lo que es lo mismo: la desesperación. Quiero decir que ahora el trabajo es permanente, ¿verdad? Y se suponía que la muerte no tenía por qué ser enmarcada.
La muerte era el mediador.
Así que unx no va a mediar a un mediador.
A menos que haya un mediador más grande que la muerte.
¿Hay uno?
La respuesta es: sí.
Y es más grande porque es más pequeño. Como un átomo que puede ser dividido, y dividido, y dividido en cantidades más pequeñas de átomo hasta que la parte más pequeña del átomo es indivisible y, por lo tanto, FATAL. Esa pequeñísima cosita, más pequeña pero más fatal que la muerte,
¡tiene un nombre!
Se llama:

[sacar los dedos para hacer comillas]

"un algoritmo".

No sé por qué usé estas comillas, no necesito ironía para mencionar algo que ya sé que existe. Sé que los algoritmos son reales. Tratan con información. Yo trato con información y ellos tratan con definiciones. Se supone que definen mis, mis, mis gustos, mis actitudes y elecciones políticas. Aprendo de ellos y mi educación los alimenta y ellos alimentan mi educación en un *loop* infinito.
Soy su máquina de aprender.
Y si confío —y confío en Dios, en quien no creo—, y Dios sabe que confío porque descreo tanto de Dios que nadie puede negar que confío en los algoritmos con mi vida.
Si confío en lo absoluto como forma de definirme, puedo decir que lo absoluto es la muerte o Dios o algo cada vez más pequeño, casi inhumano, menor que una persona, o una mascota o un individuo. Pero algo igual de corrosivo.
¡Y tengo miedo!
Tengo miedo,
tengo miedo, tengo miedo,
tengo miedo, tengo miedo, tengo miedo,
tengo miedo, tengo miedo, tengo miedo, tengo miedo.

Sé que un conjunto de síntomas es un síndrome. Sé que un conjunto de síndromes es un cuadro. Sé programar la intuición para que nos parezca científica, pero también sé que estoy desesperada.
Sé que todo lo que sé me viene del interior...
Sé que si algo se agudiza se convierte en una sensación.
A cada necesidad le corresponde una posición, a cada posición le sigue más necesidad. Así, desde adentro, se crean los medios de producción. No es que los necesitemos, es que queremos necesitarlos.
Es un sistema muy eficaz, le da sentido a una vida.
¿Ves la vida?
¿Ves la energía?
Bueno, necesita sentido.
Así que... ahí lo tenés: le da sentido a una vida.

Gracias.

La maladie mortelle

Ceci est une performance discrète pensée pour être réalisée derrière un paravent ou un journal perforé. Les orifices doivent être de la taille d'une cigarette. Quatre cigarettes sont fumées pendant la performance, afin de marquer le temps. Si possible, utiliser un microphone serre-tête et parler en chuchotant. La voix doit s'entendre dans l'espace à travers un haut-parleur placé aléatoirement dans l'espace et dirigé vers une ou deux personnes présentes, pas plus.

Préparation

Cette performance peut se réaliser en entrant dans une boîte en carton de la taille d'un réfrigérateur, dans laquelle ont été practiqués plusieurs orifices de formes et de tailles différentes. La boîte peut se déplacer dans la rue ou dans un espace fermé. On peut lui ajouter de petites roues. Par les orifices du carton apparaissent des parties du corps du de la performeur euse : la bouche, l'oreille, la tête et les bras surgissent de manière intermittente.

La performance peut également se faire en traînant le corps entier dans la rue, en utilisant la paume des mains pour se propulser vers l'avant.

Une troisième option consiste à réaliser la performance dans un espace fermé, le corps se déplaçant le long des murs, tandis que des pilules sont lancées au public.

Matériel

- *Un paravent ou un journal*
- *4 cigarettes*
- *Voix*
- *Un microphone serre–tête a*
- *Des faux ongles*
- *Un haut–parleur*

La cigarette allumée passe par l'un des petits orifices. Si l'on choisit de réaliser la version journal de la performance et que le papier du journal se brûle, éteindre les cendres en les pressant entre les doigts et poser la cigarette ailleurs. Maintenir la cigarette allumée afin de continuer à marquer le temps. Les spectateur·ices peuvent observer une fente longitudinale laissant entrevoir une bouche au travers du journal ou du paravent. Marquer le rythme en tapant avec des faux ongles sur une surface en verre, en métal ou en bois. S'habiller en noir et argent. Apprendre le texte par cœur. Chuchoter.

Performer

Aujourd'hui nous allons parler de la mort.
Non.
Non.
Non, nous n'allons peut–être pas parler de la mort.
Nous allons parler du temps, ce qui est une manière de parler de la mort.

Non,
non, le temps non.
Non, non, c'est mieux de ne pas parler du temps.
On pourrait peut–être parler de fumer, ce qui est une manière de parler à la fois de la mort et du temps.

Je comprends pourquoi on fume !
Fumer, c'est ce lieu où l'on place les mains pendant les vernissages d'art, un subterfuge qui permet de paraître intelligent·e, intentionnel·e et détendu·e, et même parfois désintéressé·e devant des inconnu·es terrifiant·es — une façon de délimiter le temps de travail.

Au lieu de parler de mourir, nous pourrions donc parler du temps de travail, qui est son contraire : l'incapacité à mourir. L'incapacité à mourir, c'est accepter l'amour de Dieu, mais ça c'est un autre sujet qui sera abordé plus tard.
Maintenant, parlons de travail.
Pendant une journée de travail de huit heures, par exemple, on peut sortir du bureau sept fois pour fumer. Cette action stimule la circulation sanguine et délimite la journée de travail afin d'éviter le désespoir inhérent à l'écoulement des heures qui nous rapprochent de la mort.
Mais cette situation existe dans le cadre d'une journée de travail de huit heures.
Ce type de journées de travail a presque complètement disparu, car le travail et la vie ont désormais atteint un stade d'hybridation.

Je viens de changer d'avis.
Vous savez de quoi on va parler aujourd'hui ?
Je vais vous parler de ... l'in–for–ma–tion.
Non, non,
non, non.
L'information, ce n'est pas une autre histoire, c'est la même histoire que celle que je suis déjà en train d'essayer de raconter, seulement sans intermédiaire.
Depuis que l'hybridation a pénétré nos âmes, fumer est devenu de plus en plus rare. Si fumer était une horloge qui sépare le travail du non–travail, et le temps de la vie du temps de la mort, alors cette horloge serait déjà morte depuis soixante–dix mille ans, comme une étoile qui s'éteint mais qui continue de briller. Ah ! Mais la chaleur, elle, est bien réelle.

L'autre jour, je marchais dans la rue ... Et donc ... Voilà ...

[perdre le fil]

... et ... euh ...

[retour à la détermination]

Cette semaine.
Cette semaine il m'est arrivé deux choses qui ont marqué un tournant : je suis sortie dans les rues de Buenos Aires, en Argentine, et tout le monde parlait en anglais. Moi je ne parle pas anglais, donc j'ai dû écouter, comme si c'était un film doublé.

En allant chez la dentiste, je suis passée en face de deux hommes. Ils parlaient un espagnol neutre. C'étaient des hommes normaux, que je ne pourrais pas vraiment décrire, ils ne portaient pas de blouses, ni de robes, ni de tabliers. Ils n'étaient ni médecins, ni juges, ni cuisiniers. Mais ils criaient quelque chose comme :
Soooociiiaaaateeeeed, crache ! Crache ! Crache ! Crache ! Crache ! Crache ! Crache !
Ils n'arrêtaient pas de crier. Quelque chose comme :
Spit ! Spit !
Ou peut-être SPLIT comme les climatiseurs.
Puis j'ai entendu quelque chose comme :
corporated ou *incoooooooooooor porated*,
ou quelque chose de ce style, je ne pourrais pas vraiment préciser.
Ils devaient forcément crier *quelque chose* ; c'est important de noter lorsqu'il y a quelque chose au lieu de rien, parce qu'il y avait leurs voix et leur agressivité.
Ensuite, ils ont crié : *aaaarrêêêêêêteeeee, aarrêêêêêêteeeee*.
Qui étaient ces hommes ?
Des politiques ? Des psychiatres ? Des employés ? Des clowns ?
Était-ce une manière de me dire que j'étais folle, sans trop savoir comment ?

[allumer une autre cigarette, se racler la gorge et tousser fortement ; déchirer un peu plus le journal ou le paravent à chaque toux.]

Finalement j'ai compris qu'ils disaient quelque chose comme :
PARANOÏAQUE
Tu l'es et tu le seras — disaient les hommes en cœur — *PARANOÏAQUE.*

[en criant]

DÉPERSONNALISÉE ET PARANOÏAQUE ! REGARDE–TOI !
TU ES BIPOLAIRE, SCHIZOPHRÈNE, TU AS UN TROUBLE LIMITE DE LA PERSONNALITÉ, TU ES PARAPHRÉNIQUE, PERVERSE, NARCISSIQUE, DÉPRESSIVE, MÉLANCOLIQUE ET ANTISOCIALE.

[ton normal]

C'était leur diagnostic.
Et il n'y a rien de pire, rien de pire que de se faire insulter avec un diagnostic.
C'est encore pire que de se faire diagnostiquer avec une insulte, tout le monde le sait.
Parce que l'insulte reste latente dans l'inconscient d'une société, alors que le diagnostic isole.
Comme l'inconscient ...

[faire le son d'une vieille trompette avec la bouche]

Est trèèèèèès machiste et misogyne : les insultes ont tendance à être misogynes et machistes. Ou les deux.

J'ai tenté de m'observer moi–même. Qui étaient ces hommes ?
Ils me criaient :
Tu es moins qu'un individu !
Tu n'as même pas de corps !
Tu n'es que fragments !

Quelle étrange façon de m'insulter ! Je pensais simplement qu'ils voulaient dire que j'étais folle, comme les gens insultent parfois les femmes dans la rue, mais ils étaient trop sophistiqués, trop médicaux, et le comble, ils parlaient en anglais ! Ce que je veux dire, c'est que je ne sentais pas qu'ils me disaient que j'étais folle. C'était quelque chose de pire.

J'ai regardé mon corps. Je me suis sentie comme l'un de ces bonshommes que les enfants dessinent : la tête, un nuage informe, et, plus bas, une forêt de bâtons plus ou moins droits. Je n'étais plus compréhensible, moins qu'un individu, mais probablement plus qu'une simple information. Cela s'est passé dans le futur. Maintenant, je vais vous raconter ce qui s'est passé dans le présent.

Parfois, je sens que si j'étais plus religieuse, j'aurais plus de relations sexuelles. Mais pour avoir des relations sexuelles, il faut avoir un corps. Les hommes n'arrêtaient pas de crier ; je suis passée devant eux très énervée et j'ai continué mon chemin pour aller chez la dentiste : j'avais une dent pourrie. Une parmi tant d'autres. La dentiste m'a ouvert la bouche et m'a observé avec le miroir dentaire. Puis elle m'a dit, sans montrer de surprise :

—Ah, il y a quelque chose écrit sur tes dents. Ne t'inquiète pas, ça arrive tout le temps.
—Écrit, comment ?
—Quoi ?
—Quoi, quoi ?
—Qu'est-ce qui est écrit ?
—Oui, sur mes dents ?

Elle a orienté le miroir dentaire vers un miroir de poche pour me faire voir l'inscription, et, en effet, sur la rangée supérieure de mes dents, à l'intérieur de ma bouche, entre les incisives et les canines, quelqu'un avait très clairement gravé la phrase

[faire passer deux doigts à travers les trous du journal et déchirer le papier verticalement]

« Sois tes propres moyens de production. »

[silence]

Si tout ce que je lis entre dans mon corps, alors je deviens tout ce que je lis. Si tout ce que j'entends entre dans mon corps, par le simple fait d'entendre, je deviens tout ce que j'entends. Tout ce qui est au dehors de moi entre dans mon corps par l'action de la vue. Je suis tout ce que je vois.
Et je suis tout ce que je sais, parce que dans la langue anglaise comme dans l'esthétique protestante, savoir c'est être, et être c'est travailler. Il n'y a pas d'autre option : on est ce que l'on fait.

Sor Juana Inés de la Cruz savait ou croyait que, dans l'espace visqueux du désir, Dieu n'est pas un objet sinon une relation. C'est une relation avec soi-même — et elle ne croyait pas vraiment en Dieu, mais elle croyait en la lecture et en l'écriture —, Dieu est littérature, et Dieu et la littérature sont une relation avec soi-même fondée sur l'amour divin. Si tu peux ressentir l'amour divin, tu n'as pas besoin d'un médiateur pour faire l'expérience de Dieu ; nul besoin de prêtres ou d'intermédiaires ... L'église catholique faisait un peu fonction de serveur dans la relation entre la fourchette et la bouche : est–ce vraiment nécessaire ? Je pourrais être mon propre serveur. Le problème surgit lorsqu'on ne peut pas ressentir l'amour.

Quelqu'un, j'ignore qui, avait écrit sur mes dents une interpellation : j'avais un message dans la bouche. Ce même jour, on m'avait aussi insultée au moyen d'un diagnostic :
sois tes propres moyens de production.

Si cette insulte était mon destin, et le destin une conséquence ésotérique de mon inconscient, il ne me restait qu'à l'accepter, je l'avais
manifesté
attiré
sollicité
Est–ce que je pouvais sentir l'amour de Dieu ? NON.
Est–ce que cela représente une forme de paranoïa ? OUI.
Un diagnostic est le signe d'une crise, c'est vrai. Mais c'est aussi le signe d'une opportunité commerciale. Parce que cellui qui formule le diagnostic devient le·a médecin, et les médecins ont besoin de blouses, et les blouses qu'ielles portent viennent de l'industrie textile, laquelle possède également son propre personnel, et les médecins ont besoin de secrétaires pour prendre leurs rendez–vous, et les secrétaires ont besoin de photocopieuses pour photocopier les cartes vitales, et les cartes vitales ont besoin du système de santé, qui a besoin à son tour d'infirmier·ères, de pansements, de personnel de santé, de personnel de nettoyage, d'employé·es et d'architectes, de lits, de briques, d'investigation et d'innovation. Les secrétaires ont besoin d'optométristes pour réparer leurs lunettes, et les lunettes ont besoin d'être polies par des opticien·nes et des philosophes, et plus tard ielles voudront sans doute une chirurgie laser, et ça c'est un autre cycle complet qui recommence, parce que les médecins qui pratiquent les chirurgies laser ont eux aussi besoin de secrétaires, etc.

L'auteur·ice de cette phrase avait donc raison : j'étais, littéralement, les :

[sortir les doigts par l'un des trous]

"MOYENS DE PRODUCTION"

Cela me laissait entendre que je pouvais tout faire, bien que je suppose que tout le monde peut tout faire. Ce n'est pas une mauvaise chose, au contraire, c'est une bonne chose. Tout le monde peut être artiste, ou critique, sinon on n'aurait pas inventé de plateformes comme Yelp ou Pinterest.
Désormais je le sais.
Je sais aussi que la journée de travail est infinie, parce qu'elle est intérieure, et donc permanente.'
Vous savez ce qui serait plus représentatif ?
Ce serait plus représentatif que je vous dise ce je ne peux PAS faire.

[pause]

[allumer une cigarette]

Je sais ce que je ne peux pas faire, et ce qui suit est véridique :
Je n'ai jamais pu commencer à fumer et je n'ai jamais pu croire en Dieu. Par conséquent, je sais que je suis désespérée.

Le philosophe Søren Kierkegaard pensait qu'il existait trois types de désespoir. Et je n'ai jamais lu Kierkegaard, son existence physique dans cette dimension n'a duré que 42 ans, mais sur sa page Wikipédia il est écrit qu'il comprenait le désespoir de trois manières.
La première est liée au fait de ne pas être conscient·e de notre *moi* infini : on naît et on meurt sans rien savoir ni poser de questions. Je n'aime pas beaucoup ça.
Le deuxième type de désespoir survient lorsque l'on refuse de comprendre que l'être est infini, pas parce que la vie est éternelle, sinon parce que nous avons peur d'accepter l'échec imminent. Nous refusons de reconnaître l'information que l'amour véritable nous transmet : il nous informe tout en nous donnant vie.
Le troisième est lié au *moi* égoïste, qui ne veut pas reconnaître que l'on dépend de l'amour de Dieu pour exister, car cet amour infini est la source de la création. Il s'agit du rejet de l'amour divin et de la croyance mégalomane qu'on est éternel·le — fixant notre *moi* sur un *moi* démoniaque — .
Cette forme de désespoir ne m'intéresse pas, car elle est très solitaire, et la première forme ne m'intéresse pas non plus, parce qu'elle est tellement insuffisante. Je ne m'identifie pas non plus avec la deuxième forme, la forme de l'information. Ainsi, lorsqu'une personne s'engage dans l'acte d'aimer, elle atteint un aspect du divin.

Kierkegaard considère aussi l'individu comme une synthèse nécessaire d'éléments finis et infinis. Pour cette même raison, lorsqu'un individu n'atteint pas la pleine réalisation de sa part d'infini, on dit de lui qu'il est désespéré. Comme moi, qui était finie. Selon de nombreux théologiens chrétiens contemporains, la notion de désespoir peut être considérée comme un péché. Néanmoins, pour Kierkegaard, une femme pèche lorsqu'elle choisit un chemin différent de celui tracé selon la volonté de Dieu. Cette femme, c'était moi.

Et moi, pas tout de suite, mais un jour ou l'autre, je voudrais mourir. Cela me paraît excessivement normal : on meurt. Je sais que je n'aurais pas dû rejeter ma propre incapacité à mourir, mais c'était pendant un moment différent de ma vie : j'étais désespérée.

Et donc, maintenant, je sais de quoi je veux parler : de l'information et du désespoir. Après tout ce qui m'est arrivé cette semaine, les hommes, les dents pourries, les moyens de production, j'ai compris que la mort est le grand médiateur entre nous et la cause de notre désespoir — qui n'est, encore une fois, que nous–mêmes — .

Comment est–il possible que l'action de fumer délimite la journée de travail, si fumer est un chemin sûr vers la mort, et si la journée de travail n'existe plus, je veux dire qu'alors la mort n'existe plus ?
Fumer pendant que l'on fait autre chose que travailler n'a aucune importance, parce que cela ne délimite que la longue maladie qui mène à la mort, ou à son équivalent : le désespoir. Je veux dire que maintenant, le travail est permanent, n'est-ce pas ? Et la mort n'était pas censée être délimitée.
La mort était le médiateur.
Et on ne va pas médier un médiateur.
À moins qu'il existe un médiateur plus grand que la mort.
Est–ce qu'il en existe un ?
La réponse est OUI.
Et il est plus grand parce qu'il est plus petit. Comme un atome qui peut être divisé et divisé, et divisé en quantités plus petites d'atome jusqu'à ce que la partie la plus petite de l'atome soit indivisible, et donc FATALE. Cette toute petite chose, si petite mais plus fatale que la mort,
elle possède un nom !
Elle s'appelle

[sortir les doigts pour former des guillemets]

« un algorithme ».

Je ne sais pas pourquoi j'ai utilisé ces guillemets, je n'ai pas besoin d'être ironique pour mentionner quelque chose qui existe déjà. Je sais que les algorithmes sont réels. Ils traitent l'information. Je traite l'information et ils traitent des définitions. Je suppose qu'ils définissent mes, mes, mes goûts, mes attitudes et mes choix politiques. J'apprends d'eux et mon éducation les alimente et ils alimentent mon éducation dans une boucle infinie.
Je suis leur machine à apprendre.
Et si j'ai confiance, confiance en Dieu, en qui je ne crois pas, et Dieu sait que j'ai confiance parce que je doute tant de Dieu que personne ne peut nier que je confie toute ma vie aux algorithmes.
Si j'ai confiance en l'absolu comme forme d'autodéfinition, je peux dire que l'absolu est la mort de Dieu, ou quelque chose de plus en plus petit, presque inhumain. Plus petit qu'une personne, un animal ou un individu, mais tout aussi corrosif.
J'ai peur,
j'ai peur, j'ai peur,
j'ai peur, j'ai peur, j'ai peur,
j'ai peur, j'ai peur, j'ai peur, j'ai peur.
Je sais qu'un ensemble de symptômes forment un syndrome. Je sais qu'un ensemble de syndromes forment un cadre. Je sais programmer l'intuition afin qu'elle nous paraisse scientifique, mais je sais aussi que je suis désespérée.
Je sais que tout ce qui vient de mon intérieur ...
Je sais que si quelque chose se précise, ce quelque chose devient une sensation. À chaque besoin correspond une position, et chaque position est suivie d'un plus grand besoin. C'est donc depuis l'intérieur que se créent les moyens de production. Ce n'est pas tant que nous ayons besoin d'eux, mais plutôt que nous voulons avoir besoin d'eux. C'est un système très efficace, qui donne du sens à la vie.
Tu vois la vie ?
Tu vois l'énergie ?
Bon, tout ça a besoin de sens.
Et voilà ... c'est ça : ça donne du sens à la vie.

Merci.

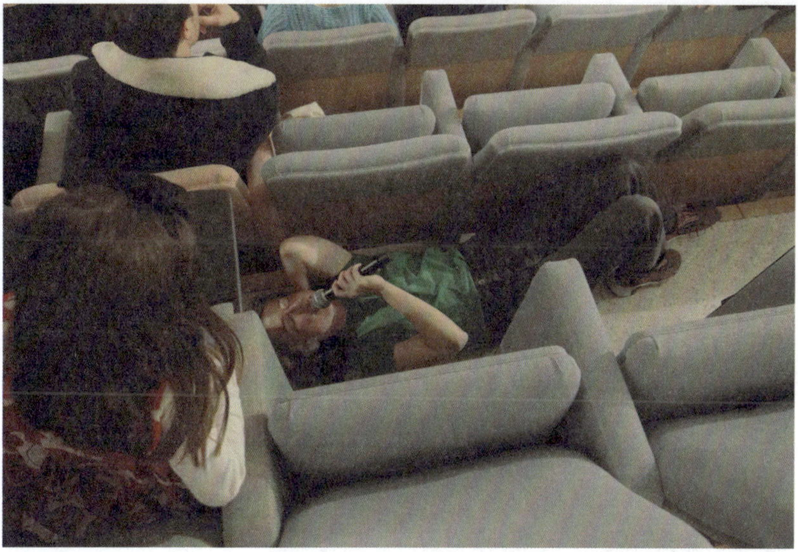

Spinoza Borderline, 2023
P. 217, 218 y 219

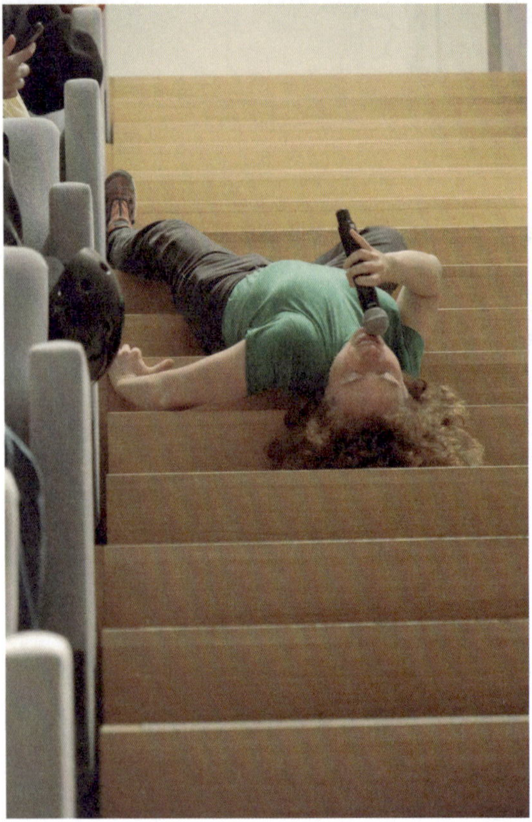

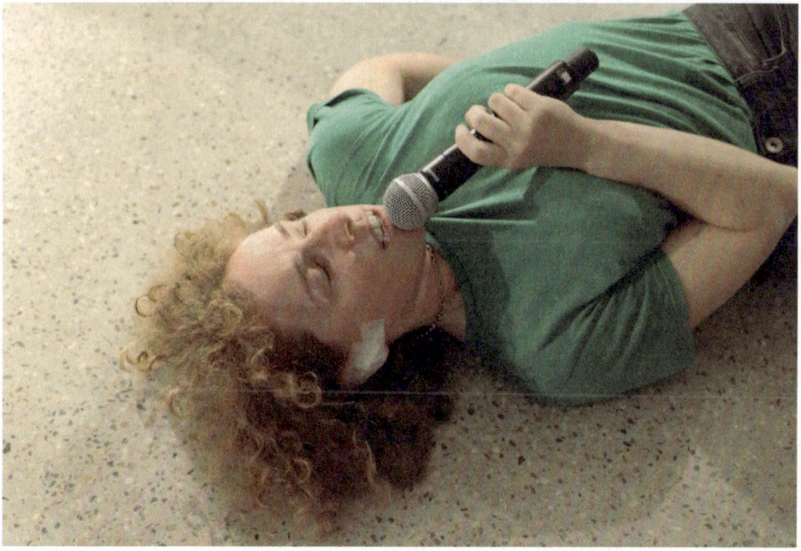

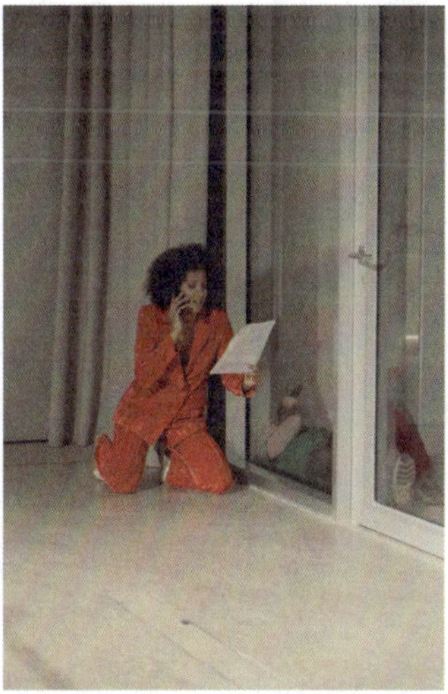

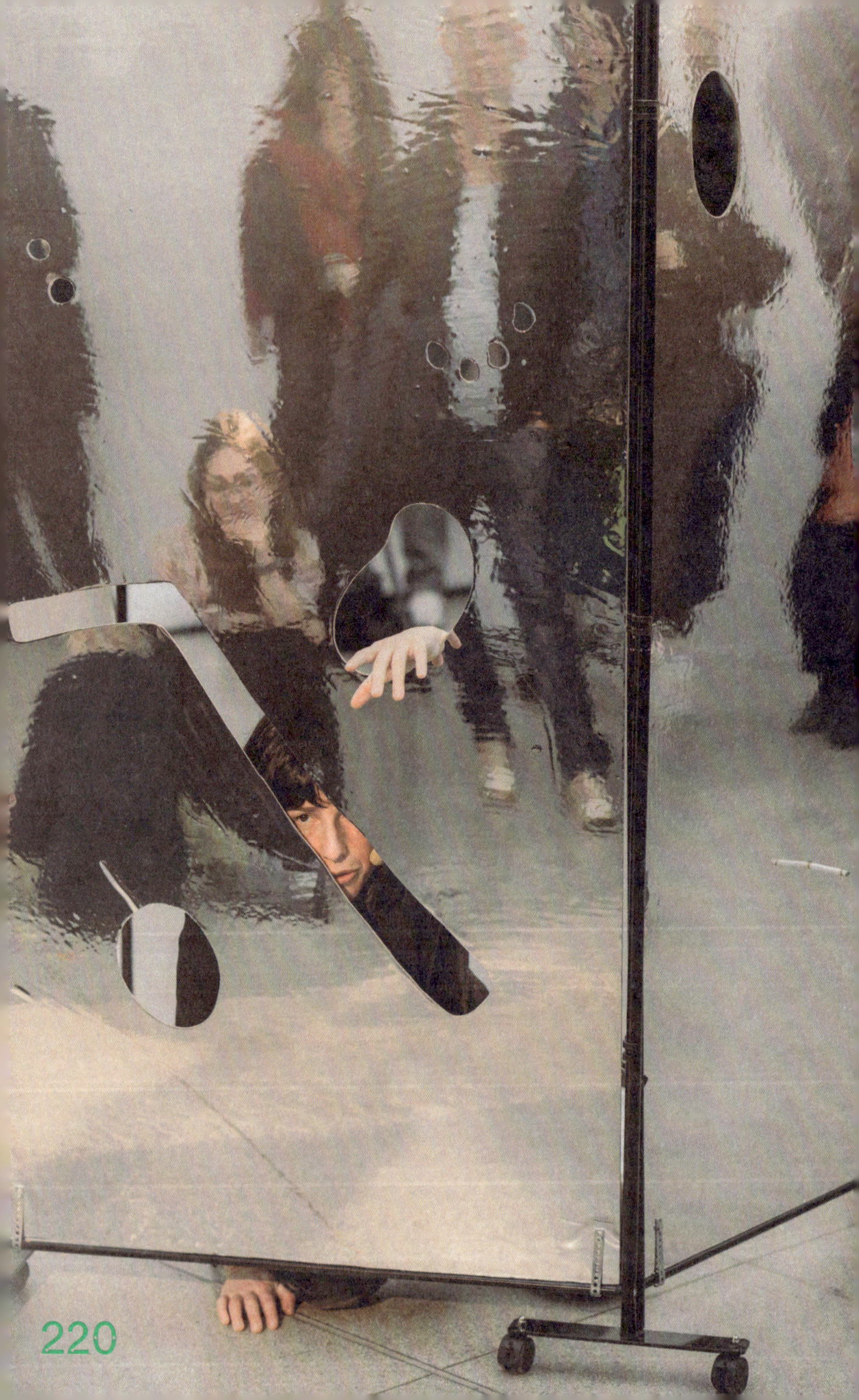

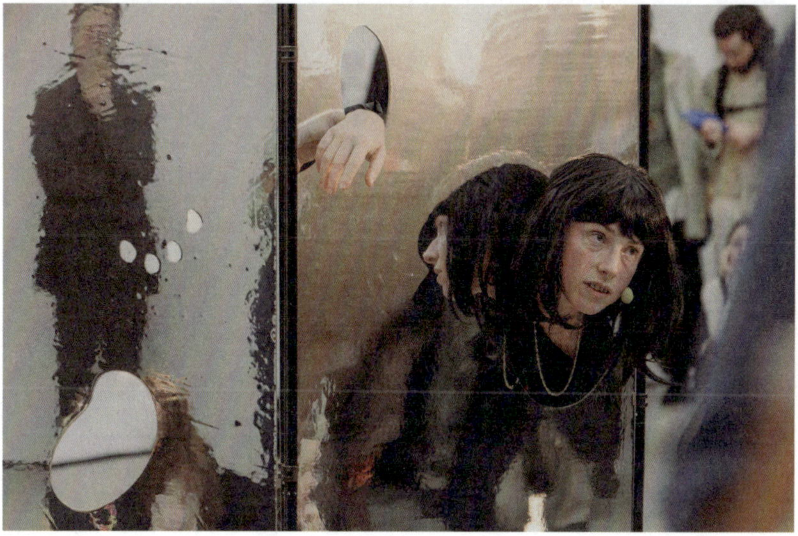

La enfermedad mortal, 2024
P. 220, 221, 222 y 223

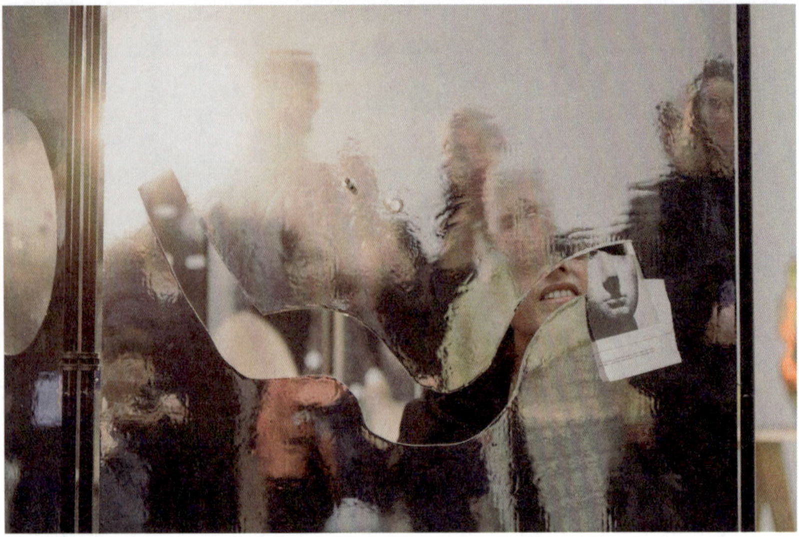

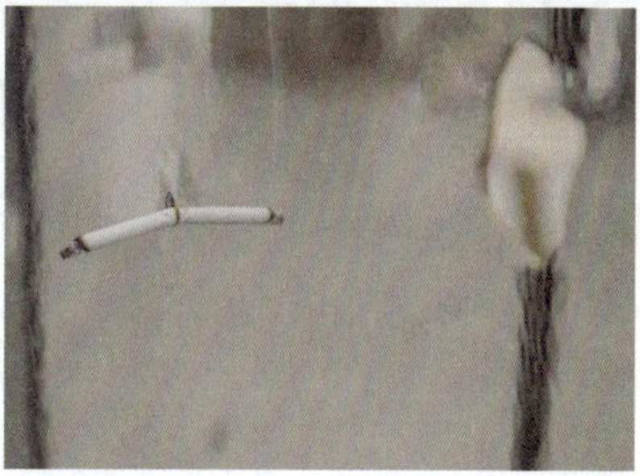

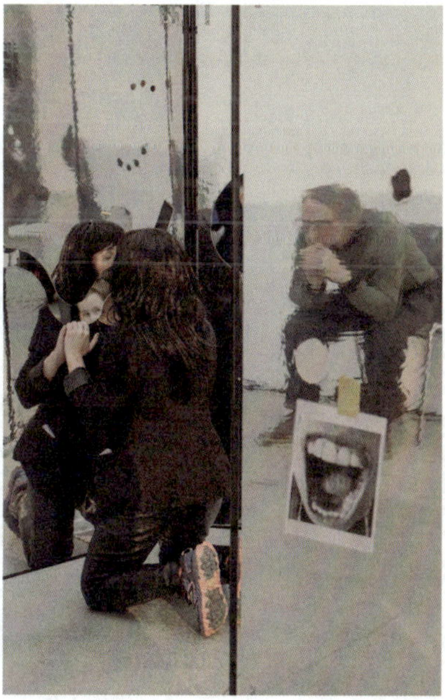

Una vez más, te volví a soñar conduciendo un autito diminuto

Reinalda Islas

Una vez más, te volví a soñar conduciendo un autito diminuto. Esta vez lo conducías dentro un set de práctica de tiro en una tienda de armas. El set era como una maqueta que simulaba una pradera llena de *animatronics* de cebras y elefantes. Giraban sus cabezas cuando nos veían pasar y nos gritaban: *They're not gonna get us* [Nunca nos van a alcanzar]. Desperté con esa imagen en la mente y, mientras buscaba ropa limpia para vestirme, me encontré con una bombacha que me regalaste en el 2020, cuando te fui a visitar a Omaha. Me la diste porque te quedaba algo chica. Hace años no la veía porque a mí también me queda chica. La había perdido en el fondo de mi cajón, pero ahora que se me atravesó noté una cosa particular: la bombacha tiene tres pequeños agujeros que parecieran haber salido por el desgaste del uso, un uso que jamás tuvo porque es insoportablemente incómoda. Busqué entre mi ropa a ver si había más prendas dañadas, quizás eran polillas, pero no encontré nada. Solamente esos tres agujeros. La volví a ver más de cerca y noté que no se había deshilachado, sino que parecía que la bombacha se estuviera desmoronando y, a medida que te recordaba, veía los agujeros ensancharse poco a poco. Decidí colgarla en la pared de mi habitación con un frasco debajo.

La bombacha lleva ahí dos semanas y desde entonces he experimentado algunos cambios sutiles pero significativos. Primero, mi piel se volvió lustrosa, secretando mucosa que me cubre de pies a cabeza. Después, empecé a tener dificultades para distinguir lo interno de lo externo, la inmersión de la exposición, lo pulmonar de lo cutáneo. Una noche no podía dormir porque escuchaba las palpitaciones de mi corazón en los oídos. La cama entera se sacudía con mi ritmo cardiaco. Parecía una marea nauseabunda que no tenía fin, hasta que en un momento paró de golpe. Se escuchó una succión que provenía de mi pecho y una de mis cavidades cardiacas desapareció, quedándome un corazón tricameral. Por sí solos, quizás, estos signos no significan nada, pero juntos comprenden las características típicas de una metamorfosis en anfibios.

Como te podrás imaginar, atravesar procesos de metamorfosis no es sencillo. No tengo ninguna experiencia ni referencia de la construcción identitaria anfibia. Como persona ya tengo suficientes crisis de identidad. Todos los días me levanto y miro mi celular buscando referentes culturales que hablen sobre mí, miro mi pasaporte y le hablo a mi madre. Eso me contiene y me *ansiotiza* en la misma medida. Decidí cancelar la cita con mi psiquiatra y mejor busqué a un etólogo. Revisamos mis libros de biología de primaria y descubrimos que los procesos de metamorfosis, al ser cambios celulares, van por fases. Eso quiere decir que no es que hace dos semanas me convertí en rana o renacuajo, sino que ha sido un proceso que lleva varios años cambiando poco a poco las estructuras biológicas que me conforman. Haciendo un *racconto* de los últimos siete años, he descubierto los momentos catalizadores que han iniciado mi metamorfosis.

Todo empezó hace cuatro años cuando volvía de Omaha a la Ciudad de México. Fui a hacerte compañía en el invierno opresivo del norte. Nuestro plan inicial era viajar en auto de Nebraska a Chicago pero ninguna de las dos sabía manejar, así que nos conformamos con caminar por el centro y, cada tanto, vagar por los barrios cercanos que parecían desocupados. Hacíamos lo que se podía, anclándonos la una en la otra para no perdernos en ese fondo blanco e inmenso que se expandía cuando no nos quedaba de otra más que comprar por internet un foco o un cepillo, porque las únicas tiendas que había en Omaha estaban en la gasolinera y sólo vendían *jerky*. Nos despedimos en el aeropuerto y, apenas unos días después de mi llegada a México, se declaró la pandemia.

Las producciones audiovisuales se habían parado, los festivales y presentaciones de cualquier índole se pospusieron, y todos buscamos la forma de seguir produciendo sin salir de casa. Acá el confinamiento era mandatorio, a menos que fueras trabajador. Las empresas que necesitaban de sus empleados doblaron las reglas del confinamiento implementando protocolos de prevención de contagio que, como casi todo lo que sucede dentro de los espacios laborales, eran simbólicos. Busqué formas de subsistir sin salir a producir, pero terminé tomando un trabajo en un *call center* que atendía llamadas de servicio al cliente para empresas gringas.

Antes de tomar llamadas teníamos que realizar un entrenamiento que consistía en un juego de roles simulando llamadas. El propósito de este entrenamiento no era aprender a solucionar problemas que los clientes pudieran tener, sino que eran ejercicios para aprender a construir identidades alternas, una habilidad fundamental en esta rama laboral. Esto se debe a que el servicio al cliente es un trabajo de contención emocional ante el desencanto que produce el inminente fracaso de las promesas capitalistas.

Las empresas saben que el desencanto es inevitable.

Es por eso que toda relación entre consumidor y empresa necesita de puentes dialécticos que permitan crear un espejismo de reciprocidad para tener una lógica del consumo. Los constructores de estos puentes son los agentes del servicio al cliente. Ellos, día a día, se desdoblan para convertirse en lo que sea que el consumidor necesite: una madre, un amante, un cómplice, un responsable o un testigo. En cada desdoble de personalidad se fabrica una ficción. Esa ficción es patentada por los empresarios y depositada en la parte trasera de la garganta de los agentes, como pequeñas bolitas que ruedan por el paladar al momento de usarse. Esta práctica parecía inofensiva hasta que, después de años, los empresarios notaron que a sus agentes más veteranos se les empezó a hinchar la garganta por estar sobresaturada de ficciones. Eventualmente las ficciones perdieron su forma y se enroscaron en las cuerdas vocales. Se desplazaron por la tráquea hasta llegar a los bronquios, dejando pequeñas lesiones con líquido de necrosis licuada. Ahí, las ficciones se convirtieron en una sustancia amalgamadora y esperaron a que entrara el oxígeno para adherirse al tejido necrótico. El oxígeno amalgamado con las ficciones pasó a la sangre. En el torrente sanguíneo, las ficciones se desprendieron del oxígeno y comenzaron a hacer ramificaciones con la necrosis licuada, creando nuevos vasos por debajo de la piel del agente. Estos nuevos vasos se convirtieron en vías de acceso al torrente sanguíneo que se conectaron con los poros de la piel.

Gracias a esas mutaciones, la piel de los agentes, al humedecerse, fue capaz de captar oxígeno en forma de gas e incorporarlo al flujo de la sangre, creando un sistema de respiración cutánea. Desde entonces, en los *call centers*, cada cubículo tiene un atomizador con agua en el segundo cajón. Los agentes veteranos del servicio al cliente se tiran agua unos a otros para asegurarse de estar apropiadamente húmedos. De hecho, cada agente tiene dos atomizadores personales. En verano, en las oficinas hay un aspersor encendido el día entero y, en casos extremos de escasez, los agentes se turnan cada 15 minutos para escupirse los unos a los otros.

Yo pensé que me había zafado de la metamorfosis, había trabajado solamente seis meses y tenía apenas una docena de ficciones en la garganta. Pero no contemplé que, al haber sido iniciada en las ficciones conciliadoras del capitalismo, yo ya era susceptible a las mutaciones causadas por los procesos de adoctrinamiento de la identidad. Verás, las identidades adoctrinadas hacen uso constante de las ficciones para poder homogeneizar los deseos singulares y convertirlos en deseos comunes tercerizables. Esto facilita la explotación de recursos y regula la economía. Es muy importante mantener las identidades bien definidas y acotadas para prevenir crisis identitarias. Las crisis suelen generar deseos no regulados y singulares que crean desequilibrios, esto se traduce en especulación financiera e inflación.

La inflación regulada tiene su utilidad dentro del sistema capitalista y es que, cada tanto, da origen a nuevas identidades útiles. Identidades más alienadas que puedan sustituir a otras con tendencias más colectivas como las del trabajador o estudiante. Estas identidades a sustituir, en su momento, tuvieron una utilidad reguladora y formaron parte de un proceso de desplazamiento de identidades más comunitarias que no responden a los intereses capitalistas. Sin embargo, la tendencia de los trabajadores y estudiantes a colectivizar deseos ha provocado inestabilidad en el mercado, y se busca desplazarlos mediante nuevas crisis identitarias. Las crisis se producen mediante la propagación de nuevas ficciones, suministradas de forma regulada. Con estas ficciones se adoctrina a las nuevas identidades con deseos cada vez más abstractos y afectos materiales descartables. Para eso se inventan las ficciones que viven en las gargantas de los empleados de los *call centers*.

El uso no regulado y aleatorio de ficciones no es recomendado porque es sabido que, entre más se consume una ficción, hay más propensión a que sea asimilada por el cuerpo que habita. Las consecuencias pueden ser radicales sobre los cuerpos, deformándolos en nuevas mutaciones. Estas mutaciones construyen identidades en crisis que se vuelven periféricas con deseos incompatibles con el mercado y la producción. Los deseos singulares movilizan a los mutantes a colectivizar los recursos y organizar las fuerzas de trabajo. Tienen la necesidad de procurar sus deseos por sí mismos ya que carecen de intermediarios.

Ahora cargo con un atomizador y le pido a mis amigos que me laman los codos y los nudillos.

Once Again, I Dreamed of You Driving a Tiny Little Car

Reinalda Islas

Once again, I dreamed of you driving a tiny little car. This time, you were driving it inside a target-practice set in a gun shop. The set was like a model of a meadow filled with animatronics—zebras and elephants. They turned their heads when they saw us passing by and shouted at us: "They're not gonna get us!" I woke up with that image in my mind, and while looking for clean clothes to wear, I came across a pair of panties you gave me in 2020, when I went to visit you in Omaha. You gave them to me because they were somewhat tight on you. I hadn't seen them in years because they are also too tight for me. They had been lost in the bottom of my drawer, but now that I came across them, I noticed something strange: The panties had three tiny holes that seemed to have appeared from wear—except they'd never been worn, because they're unbearably uncomfortable. I looked through my clothes to see if there were more damaged pieces—maybe moths—but I found nothing. Only those three holes. I looked at them again, more closely this time, and noticed that they weren't frayed but rather seemed to be falling apart, and as I thought of you, I watched the holes slowly widen. I decided to hang them on my bedroom wall with a jar underneath.

The panties have been there for two weeks, and in that time, I've experienced some subtle but significant changes. First, my skin became glossy, secreting a mucus that covered me from head to toe. After that, I began to have difficulty distinguishing the internal from the external, immersion from exposure, the pulmonary from the cutaneous. One night, I couldn't sleep because I could hear the beating of my heart in my ears. The entire bed was shaking with my heartbeat. It seemed like a nauseating tide that had no end—until, at one point, it came to a screeching halt. I heard a suction coming from my chest, and one of my heart's chambers disappeared, leaving me with a three-chambered heart. On their own, perhaps, these signs mean nothing, but together they comprise the typical characteristics of an amphibian metamorphosis.

As you can imagine, going through a metamorphosis is not easy. I have no experience or reference for amphibian identity construction. As a human, I already have enough identity crises. Every morning, I check my phone for cultural references about myself, glance at my passport, and talk to my mother. That both grounds me and "anxifies" me in equal measure. I decided to cancel the appointment with my psychiatrist and instead sought out an ethologist. We went through my elementary school biology books and discovered that metamorphic processes, being cellular changes, occur in phases. That means it's not as if two weeks ago I turned into a frog or a tadpole; rather, it's a process that takes years, slowly changing the biological structures that make me up. Looking back over the last seven years, I have identified the catalytic events that triggered my metamorphosis.

It all started four years ago, when I was returning from Omaha to Mexico City. I went to keep you company during the oppressive northern winter. Our initial plan was to drive from Nebraska to Chicago, but neither of us could drive, so we settled for walking around downtown and, occasionally, wandering through nearby neighborhoods that seemed deserted. We did what we could, anchoring ourselves to each other so we wouldn't get lost in that vast white expanse, which seemed to stretch endlessly whenever our only option was to order a light bulb or a brush online because the only retailers in Omaha were at gas stations and sold nothing but jerky. We said goodbye at the airport, and just a few days after my arrival back in Mexico, the pandemic was declared.

Audiovisual productions had stopped, festivals and performances of every kind were postponed, and we all looked for ways to keep producing without leaving home. Here, lockdown was mandatory—unless you were a worker. Companies that needed their employees bent the lockdown rules, implementing infection-prevention protocols that, like almost everything that happens in workplaces, were purely symbolic. I looked for ways to get by without going out to produce, but I ended up taking a job at a call center, handling customer service calls for American companies.

Before taking calls, we had to undergo training that consisted of role-playing exercises, simulating customer calls. The purpose of this training wasn't to learn how to solve the problems customers might have; rather, it was to practice constructing alternate identities—a fundamental skill in this field. This is because customer service implies emotional containment in the face of the imminent failure of capitalist promises. Companies know that this disenchantment is inevitable.

That is why every relationship between consumer and company requires dialectical bridges that create an illusion of reciprocity, sustaining the logic of consumption. The builders of these bridges are the customer service agents. Day after day, they split themselves open to become whatever the customer needs: a mother, a lover, an accomplice, a culprit, or a witness. With each split in personality, a fiction is created. This fiction is patented by the employers and lodged in the back of agents' throats like tiny pellets that roll across the palate when put to use. This practice seemed harmless until, after years, employers noticed that their senior agents' throats began to swell as a result of overexposure to fiction. Eventually, fictions lost their shape and coiled around the vocal cords. They migrated down the trachea into the bronchi, leaving small lesions filled with necrotic fluid. There, the fictions transformed into an amalgamating substance, waiting for oxygen to enter so they could adhere to the necrotic tissue. The oxygen, amalgamated with fictions, passed into the bloodstream. Once in the blood, the fictions detached from oxygen and began branching out alongside the liquefied necrosis, forming new vessels underneath the agents' skin. These new vessels became pathways into the bloodstream, connecting to the pores of the skin.

As a result of these mutations, the agents' skin, when moistened, became capable of absorbing oxygen in gaseous form and assimilating it into the bloodstream, creating a cutaneous respiration system. Now, at call centers, each cubicle has a spray bottle filled with water in the second drawer. Veteran customer service agents spray water on one another to ensure they stay properly moistened. In fact, each agent has two personal sprayers. During summer, the offices have a sprinkler running all day, and in extreme cases of water scarcity, the agents take turns spitting on each other every 15 minutes.

I thought I had dodged the metamorphosis; I had only been working for six months and had barely a dozen fictions in my throat. But I hadn't realized that, having been initiated into the conciliatory fictions of capitalism, I was already susceptible to the mutations caused by the identity-indoctrination process. You see, indoctrinated identities make constant use of fictions to homogenize individual desires and turn them into common, outsourceable ones. This enables resource exploitation and regulates the economy. It is critical to keep identities well-defined and bounded to prevent identity crises. Such crises often lead to singular, unregulated desires that create imbalances, resulting in financial speculation and inflation.

Regulated inflation is beneficial to the capitalist system. From time to time, it gives rise to new, useful identities—more alienated identities that can replace others with more collective tendencies, such as those of workers or students. The identities being replaced, in their time, had a regulatory function and were part of a strategy to displace more communal identities that did not serve capitalist interests. However, the tendency of workers and students to collectivize desires has caused instability in the market, and efforts are made to displace them through new identity crises. These crises are produced by the spread of new fictions, supplied in a regulated manner. Through these fictions, new identities are indoctrinated with increasingly abstract desires and disposable material affections. To this end, the fictions that live in the throats of call center employees are invented.

The unregulated and random use of fictions is not recommended, as it is known that the more a fiction is consumed, the greater its propensity for being assimilated by the body it inhabits. The effects can be radical for the body, deforming it with new mutations. These mutations construct identities in crisis, which become peripheral with desires incompatible with the market and production. Singular desires motivate mutants to collectivize resources and organize workforces. They must pursue their desires on their own, since they lack intermediaries.

I now carry a spray bottle and ask my friends to lick my elbows and knuckles.

LIST OF WORKS

Parasite/ Symbiosis/ La MiaVita
P. 25
Performance presented in the exhibition *Una linea storta tesa*, curated by Saverio Verini, Villa Medici, Rome, Italy, 2023. In collaboration with Biana Friscelli.

Descartes Borderline
P. 26–28
Performance presented at arteba 2023, curated by Eugenio Viola, Galería Piedras, Buenos Aires, Argentina, 2023. With the participation of Clara Esborraz and Sofia Ungar.

The New Inflation
P. 29–32
Film shot in Bemis Center for Contemporary Arts, Omaha, NE, USA, 2021. With the participation of Ash Elizabeth Smith, Brianna White, Katlin Lang, Will Timmins and Ronette Lee.

Spinoza Borderline
P. 217–219
Performance presented as part of the performance program *Les Mots Troubles #5*, curated by Julie Béna and Eva Barois de Caevel, Fondation d'entreprise Pernod Ricard, Paris, France, 2023.

The Sickness into Death
P. 220–223
Performance presented in the exhibition *Slime*, curated by Joshua Simon, The Association of Visual Artists Vienna Secession, Vienna, 2024. With the participation of Francesco Finizio.

LISTE DES ŒUVRES

Parasite/ Symbiose/ La MiaVita
P. 25
Performance présentée dans l'exposition *Una linea storta tesa*, commissariée par Saverio Verini, Villa Medici, Rome, Italie, 2023. Avec la collaboration de Biana Friscelli.

Descartes Borderline
P. 26–28
Performance présentée à arteba 2023, commissariée par Eugenio Viola, Galería Piedras, Buenos Aires, Argentine, 2023. Avec la participation de Clara Esborraz et Sofia Ungar.

La nouvelle inflation
P. 29–32
Film tourné à Bemis Center for Contemporary Arts, Omaha, NE, États-Unis, 2021. Avec la participation de Ash Eliza Smith, Brianna White, Katlin Lang, Will Timmins et Ronette Lee.

Spinoza Borderline
P. 217–219
Performance présentée dans le cadre du programme de performances *Les Mots Troubles #5*, commissariée par Julie Béna et Eva Barois de Caevel, Fondation d'entreprise Pernod Ricard, Paris, France, 2023.

La maladie mortelle
P. 220–223
Performance présentée dans l'exposition *Slime*, commissariée par Joshua Simon, The Association of Visual Artists Vienna Secession, Vienne, 2024. Avec la participation de Francesco Finizio.

Liv Schulman (Buenos Aires, Argentina, 1985)

Es artista, escritora y directora de cine. Su fascinación por la televisión —marcada por la expansión del cable en Buenos Aires durante la década de los noventa—, así como el *crash* financiero del 2001, figuran entre las experiencias más impactantes de su vida. Estudió en la École Nationale Supérieure d'Arts de Paris–Cergy, en la Goldsmiths University of London, en el Programa de Artistas de la Universidad Torcuato di Tella y en la École Nationale Supérieure de Beaux Arts de Lyon. Además, realizó una serie de residencias en distintos países de Europa y Norteamérica, y ha sido beneficiaria de diversas becas y premios europeos.

En su trabajo, Schulman colabora con grupos de personas con diferentes oficios, pasatiempos e intereses, así como con actores amateurs. Su obra adopta la forma de ficciones filmadas, series de televisión, lecturas performáticas y textos de carácter novelístico. Estas distintas narrativas constituyen el núcleo de su trabajo y exploran la complejidad del papel de la subjetividad dentro de la esfera de lo político. Para la artista, crear significa experimentar directamente un medio, un sistema o un tema.

Su trabajo ha sido presentado en museos, galerías, bienales y festivales de cine. Destacan el Festival International de Cinéma de Marseille, el Centre Pompidou en París, el festival Steirischer Herbst en Graz, la Sécession en Viena, la Fondation d'entreprise Pernod Ricard en París, el Statens Museum for Kunst en Copenhague, el Museo de Arte Moderno de Buenos Aires, el Museo Nacional Centro de Arte Reina Sofía en Madrid, el Museo de Arte Contemporáneo de Rosario y el Centre Rhénan d'Art Contemporain de Alsacia.

Este es su cuarto libro.

Reinalda Islas (Monterrey, México)

Es realizadora cinematográfica y de artes vivas, además de aspirante a paramédica. Formada —y desencantada— por los aparatos institucionales universitarios en las ramas de Economía y Filosofía, decidió incursionar en el mundo del arte, integrando los aprendizajes surgidos de las fisuras en las ilusiones aspiracionistas clase–medieras. Su trabajo transita entre la exploración documental y la ficción, hibridando constantemente ambos formatos. Ha producido proyectos escénicos y cinematográficos como *El último poeta vivo* (2018), *Las boqueras de Aragón* (2022) y *Réquiem por una gota o la cruzada de las Sedientas* (2022). En 2019 produjo el cortometraje *A Somatic Play*, de Liv Schulman. Su trabajo se ha mostrado en el Festival Internacional de Cine Documental de Buenos Aires (FIDBA), el Festival Internacional de Cine Documental de la Ciudad de México (DocsMX), Nuevas Miradas EICTV, en San Antonio de los Baños, Cuba, entre otros. Radica en la Ciudad de México.

Santiago Villanueva (Azul, Argentina, 1990)

Es artista y curador. Fue curador de Programas Públicos y Educación del Museo de Arte Latinoamericano de Buenos Aires (MALBA), en 2021, curador pedagógico del Museo de Arte Moderno de Buenos Aires (2016–2017), y formó parte del Nuevo Museo Energía de Arte Contemporáneo (2011–2018). Ha curado numerosas exhibiciones, entre ellas: *Huyamos a Buenos Aires, nadie podrá encontrarnos. Roberto Jacoby* (Museo Universitario del Chopo, Ciudad de México, 2023); *Todo es mucho* (Universidad Torcuato Di Tella, Buenos Aires, 2022); *Terapia* (MALBA, Buenos Aires, 2021); y *Las relaciones mentales. Eduardo Costa* (Museo Tamayo, Ciudad de México, 2017). Participó en espacios independientes como Alfombra Roja, Spazio de Arte y Para vos... Norma Mía. Llevó adelante la editorial Caracol y el espacio de exhibiciones Eros, junto a Nicolás Cuello. Es editor de la revista *Segunda época* y autor del libro *El surrealismo rosa de hoy* (2021). Junto a Sofía Dourrón, coordina el espacio *pu chi pu lu*, en Buenos Aires.

Liv Schulman (Buenos Aires, Argentina, 1985)

Liv Schulman is an artist, writer, and film director. The expansion of cable television—a medium that fascinates her—in Buenos Aires during the 1990's and the financial crisis of 2001 are among the most impactful experiences of her life. She studied at the École Nationale Supérieure d'Arts de Paris–Cergy, Goldsmiths University of London, the Artists Program at Torcuato di Tella University, and the École Nationale Supérieure des Beaux-Arts de Lyon. She also completed several residencies in various countries in Europe and North America and has received numerous European grants and awards.

In her work, Schulman collaborates with groups of people with diverse backgrounds, hobbies, and interests, as well as with amateur actors. Her works include filmed fictions, television series, performative readings, and novelistic texts. These narratives, at the core of her body of work, explore the complex role of subjectivity within the political sphere. For the artist, creating means directly experiencing a medium, system, or topic.

Her work has been exhibited in museums, galleries, biennials, and film festivals. Notable examples include the Marseille International Film Festival, the Centre Pompidou in Paris, the Steirischer Herbst Festival in Graz, the Vienna Secession, the Fondation d'entreprise Pernod Ricard in Paris, the Statens Museum for Kunst in Copenhagen, the Museum of Modern Art in Buenos Aires, the Museo Nacional Centro de Arte Reina Sofía in Madrid, the Museum of Contemporary Art of Rosario, and the Centre Rhénan d'Art Contemporain in Alsace.

This is her fourth book.

Reinalda Islas (Monterrey, Mexico)

Reinalda Islas is a filmmaker and performing artist, as well as an aspiring paramedic. Trained—and disillusioned—by the institutional apparatus of universities in the fields of economics and philosophy, she decided to venture into the art world, integrating the lessons she learned about the fissures in middle-class aspirations. Her work moves between documentary exploration and fiction, constantly hybridizing both formats. She has produced stage and film projects such as *El último poeta vivo* [*The Last Living Poet*] (2018), *Las boqueras de Aragón* [*The Mouthpeices of Aragon*] (2022), and *Réquiem por una gota o la cruzada de las Sedientas* [*Requiem for a Drop or the Crusade of the Thirsty*] (2022). In 2019, she produced the short film *A Somatic Play* by Liv Schulman. Her work has been shown at the Buenos Aires International Documentary Film Festival (FIDBA); the Mexico City International Documentary Film Festival (DocsMX); Nuevas Miradas EICTV, in San Antonio de los Baños, Cuba; and other festivals. She is based in Mexico City.

Santiago Villanueva (Azul, Argentina, 1990)

Santiago Villanueva is an artist and curator. He was Curator of Public Programs and Education at the Museum of Latin American Art of Buenos Aires (MALBA) in 2021, Pedagogical Curator at the Museum of Modern Art of Buenos Aires (2016–2017), and part of the Nuevo Museo Energía de Arte Contemporáneo (2011–2018). He has curated numerous exhibitions, including: *Huyamos a Buenos Aires, nadie podrá encontrarnos. Roberto Jacoby* [*Let's Flee to Buenos Aires; No One Will Be Able to Find Us. Roberto Jacoby*] (Museo Universitario del Chopo, Mexico City, 2023); *Todo es mucho* [*Everything Is Too Much*] (Torcuato Di Tella University, Buenos Aires, 2022); *Terapía* [*Therapy*] (MALBA, Buenos Aires, 2021); and *Las relaciones mentales. Eduardo Costa* [*Mental Relationships. Eduardo Costa*] (Tamayo Museum, Mexico City, 2017). He has participated in independent spaces such as Alfombra Roja, Spazio de Arte, and Para vos... Norma Mía. He ran the publishing house Caracol and the exhibition space Eros, together with Nicolás Cuello. He is the editor of the magazine *Segunda época* and author of the book *El surrealismo rosa de hoy* (2021). Together with Sofía Dourrón, he coordinates the *pu chi pu lu* space in Buenos Aires.

Didáctica económica

Liv Schulman

Esta publicación es una selección de guiones de performances escritos por la artista Liv Schulman, realizados entre el año 2021 y el 2024. Los textos están pensados como una obra que puede ser activada por quien desee hacerlo.

Agradecimientos

Esta publicación fue realizada gracias al generoso apoyo del Centre national des arts plastiques; CRAC Alsace, Centre rhénan d'art contemporain; Fondation d'entreprise Pernod Ricard; Galerie Anne Barrault; 49 Nord Est - Frac Lorraine, Metz y Triangle-Astérides Centre d'art contemporain d'intérêt national et résidence d'artistes.

De la artista

Liv Schulman agradece a Anne Barrault, Ariel Cusnir, Rafael Beltran, Santiago Gasquet, Sylvie Fortin, Aron Barbier, Julie Bena, Eva Barois de Caevel, Francesco Finizio, Secession Wien, Joshua Simon y Star Fynch.

De Temblores Publicaciones

Agradecemos especialmente a Liv Schulman por su confianza y paciente acompañamiento en este proceso y a Reinalda Islas y Santiago Villanueva por sus valiosas colaboraciones.

Economic Didactics

This publication brings together a selection of performance scripts written by artist Liv Schulman between 2021 and 2024. The texts are conceived as a work that can be activated by anyone who wishes to do so.

Didactique économique

Cete publication réunit une sélection de scripts de performances écrits par l'artiste Liv Schulman entre 2021 et 2024. Les textes sont conçus comme une œuvre pouvant être activée par toute personne qui le souhaite.

Acknowledgments

This publication was made possible thanks to the generous support of the Centre national des arts plastiques; CRAC Alsace, Centre rhénan d'art contemporain; Fondation d'entreprise Pernod Ricard; Galerie Anne Barrault; 49 Nord 6 Est - Frac Lorraine, Metz; and Triangle-Astérides, contemporary art center of national interest and artists' residency.

Remerciements

Cette publication a été réalisée grâce au généreux soutien du Centre national des arts plastiques ; CRAC Alsace, Centre rhénan d'art contemporain ; Fondation d'entreprise Pernod Ricard ; Galerie Anne Barrault ; 49 Nord 6 Est - Frac Lorraine, Metz et Triangle-Astérides, centre d'art contemporain d'intérêt national et résidence d'artistes.

From the artist

Liv Schulman wishes to thank Anne Barrault, Ariel Cusnir, Rafael Beltran, Santiago Gasquet, Sylvie Fortin, Aron Barbier, Julie Bena, Eva Barois de Caevel, Francesco Finizio, Secession Wien, Joshua Simon, and Star Fynch.

De l'artiste

Liv Schulman remercie Anne Barrault, Ariel Cusnir, Rafael Beltran, Santiago Gasquet, Sylvie Fortin, Aron Barbier, Julie Bena, Eva Barois de Caevel, Francesco Finizio, Secession Wien, Joshua Simon et Star Fynch.

From Temblores Publicaciones

We are especially grateful to Liv Schulman for her trust and for accompanying us patiently throughout this process, and to Reinalda Islas and Santiago Villanueva for their valuable contributions.

De Temblores Publicaciones

Nous remercions tout particulièrement Liv Schulman pour sa confiance et son accompagnement patient tout au long de ce processus et Reinalda Islas et Santiago Villanueva pour leurs précieuses collaborations .

Publicado por
Published by
Publié par

Temblores Publicaciones

Textos de
Texts by
Textes de

Reinalda Islas /
Liv Schulman /
Santiago Villanueva

Edición
Editing
Édition

Ana Gabriela García /
Vania Macias Osorno

Coordinación editorial
Editorial coordination
Coordination éditoriale

Vania Macias Osorno

Asistencia editorial
Editorial assistance
Assistance éditoriale

Aylin Toledo Rodríguez

Diseño editorial
Editorial design
Design éditorial

Luis Dubón /
Diana Hernández Estrada

Traducción
Translation
Traduction

Kimberly Kruge /
Odina Skartados (EN)
Hèllene Aligant /
Aurelie Vandewynckele (FR)

Corrección de estilo
Copyediting
Correction de style

Ana Laura Martínez Jaramillo /
Vania Macias Osorno (ES)
Kimberly Kruge /
Sofía Ortega (EN)
Aurelie Vandewynckele (FR)

Lectura de finas
Proofreading
Relecture des épreuves

Paulina del Collado (ES)
Tess C. Rankin (EN)
Jimena Cervantes (FR)

Créditos de fotografías
Photo credits
Crédits photo

Villa Médici:
Parásita/ Simbiosis/ La MiaVita, 2023
Fundación arteba:
Descartes Borderline, 2023
Liv Schulman:
La nueva inflación, 2021
Fondation d’entreprise Pernod Ricard:
Spinoza Borderline, 2023

Studiokoekart:
La enfermedad mortal, 2024

Temblores Publicaciones

Fundadora y directora ejecutiva
Founder and Executive Director
Fondatrice et Directrice exécutive

Dorothée Dupuis

Director editorial
Editorial director
Directeur éditorial

Jesús A. Villalobos Fuentes

Editora asociada
Associate editor
Éditrice associée

Vania Macias Osorno

Coordinadora de alcance
Outreach coordinator
Chargée de diffusion

Camila Iriarte

Administración
Administration
Administration

Ana Rosella Arce

Equipo editorial
Editorial team
Équipe éditoriale

Ana Isabel Garduño

Imagen de portada y contraportada
Cover and back cover image
Image de couverture et de quatrième de couverte

La enfermedad mortal, 2024.

ISBN: 978-607-26906-0-8

Primera edición, 2025
Impreso y hecho en México
First edition, 2025
Printed and made in Mexico
Première édition, 2025
Imprimé et fabriqué au Mexique

Distribución en México y Latinoamérica
Distribution in Mexico and Latin America
Distribution au Mexique et Amérique Latine

Temblores Publicaciones
info@temblores.mx
www.temblores.mx

Distribución en Estados Unidos y Canadá
Distribution in the United States of America and Canada
Distribution aux États-Unis et Canada

ARTBOOK | D.A.P.
75 Broad Street, Suite 630
New York, NY 10004
www.artbook.com

Distribución en Europa
Distribution in Europe
Distribution en Europe

Les presses du réel
35 rue Colson, 21000 Dijon, France
info@lespressesdureel.com
www.lespressesdureel.com

Impreso y encuadernado en México en marzo 2026, en los talleres de Gráfica Premier, S.A. de C.V., 5 de febrero 2309, San Jerónimo Chicahualco, C.P. 52170, Metepec, Estado de México. Se utilizaron las tipografías ABCCamera, ABCCameraPlain, ABCDiatype Mono e Items, y se imprimió sobre papel Bond de 90 g y Snow Cream de 60 g. Se tiraron 1000 ejemplares.

Printed and Bound in Mexico in March 2026, at the workshops of Gráfica Premier, S.A. de C.V., 5 de febrero 2309, San Jerónimo Chicahualco, C.P. 52170, Metepec, Estado de México. The typeset is ABCCamera, ABCCameraPlain, ABCDiatype Mono and Items, and it was printed on 90-gram Bond paper and 60-gram Snow Cream paper. This edition is limited to 1000 copies.

Imprimé et relié au Mexique en mars 2026, dans les ateliers de Gráfica Premier, S.A. de C.V., 5 de Febrero 2309, San Jerónimo Chicahualco, C.P. 52170, Metepec, Estado de México. Les typographies ABCCamera, ABCCameraPlain, ABCDiatype Mono et Items ont été utilisées, et l'impression a été réalisée sur papier Bond de 90 g et Snow Cream de 60 g. Il a été tiré à 1000 exemplaires.

CRAC Alsace

Fondation d'entreprise Pernod Ricard

ANNE BARRAULT

49 Nord 6 Est Frac Lorraine

Triangle-Astérides
Centre d'art contemporain d'intérêt national